出版人职业现状
深度调查

赵玉山 邢自兴　主编

IN DEPTH INVESTIGATION INTO THE
PROFESSIONAL STATUS OF PUBLISHERS

中国国际广播出版社

前　言

党的二十大报告指出："培养造就大批德才兼备的高素质人才，是国家和民族长远发展大计。"党的二十届三中全会《中共中央关于进一步全面深化改革、推进中国式现代化的决定》也强调，要"提高各类人才素质"。习近平总书记在全国宣传思想工作会议上对广大宣传思想工作者提出增强"四力"（脚力、眼力、脑力、笔力）的新要求，强调了出版人在传承和发展人类优秀文化中的重要作用。

出版业是一个特殊的行业，它既有文化属性，又有商业属性。党领导下的出版业深入贯彻落实党中央关于出版工作的重大决策部署，与党和国家各项事业同向同步，在正本清源、守正创新中取得历史性成就、发生历史性变革，为社会主义文化强国建设提供了重要支撑。近年来，出版业整体实力与质量效益稳步提升，根据国家新闻出版署的相关数据显示，2021年全国出版、印刷和发行服务实现营业收入超 18 500 亿元（不含数字出版收入），利润总额超 1000 亿元，拥有资产总额约 23 840 亿元，所有者权益（净资产）约 11 900 亿元；全国共出版图书、期刊、报纸、音像制品和电子出版物约 420 亿册（份、盒、张），出版图书、期刊、报纸总印张突破 1800亿。各类出版精品佳作迭出，为广大读者提供了更加丰富优质的精神食粮。随着市场环境的变化、互联网的发展、信息化的全面展开、出版业发展方式的转变，出版行业的本质和出版人的价值正在经历重大的变革。

《2021 年新闻出版产业分析报告》显示，近年来，全国新闻出版业就业人数约 310 万人。其中，印刷复制业就业人数约 230 万人，出版物发行业就业人数约 50 万人，报纸出版业就业人数约 17 万人，期刊出版业就业人数约 6 万人,图书出版业就业人数约 7 万人。面对市场环境的不断变化,出版人需要重新审视自己的职业定位,并积极探索在新的市场环境下如何保持和提升自身的价值。对出版人从业状况的研究常常聚焦于某个岗位或某个问题,而系统性、综合性的调研成果相对较少。因此,对出版人职业现状开展的调查研究,是一项基础性的研究工作,这不仅有助于全面了解出版人的行业动态,还可以为制定出版业发展战略和决策提供必要的数据支撑。

为了了解出版人的工作现状、薪酬福利、职业成长、工作压力、职业满意度以及面临的困境等。北京师范大学出版科学研究院联合《科技与出版》杂志和《中国出版传媒商报》,共同开展"出版人职业现状调查"。调查问卷通过"木铎书声"微信公众号、《中国出版传媒商报》微信公众号、《科技与出版》杂志微信公众号发布。

出版人职业现状调查问卷包括基本信息、工作量和工作时间、薪酬福利、职业成长、职业选择、压力调查等方面。同时,每次调查会对问卷题目进行调整,如增加出版人职业价值感等问题。问卷有关压力、满意度等主观评价问题采用分值量表,从 0 到 10 表示由弱到强,0 分为"非常弱",5 分为"一般",10 分为"非常强"。

第一次"出版人职业现状调查"自 2017 年 11 月 24 日开始,至 2018 年 9 月 1 日截止,采集有效问卷 1525 份;第二次"出版人职业现状调查"自 2019 年 4 月 30 日开始,至 2020 年 10 月 25 日截止,采集有效问卷 3732 份;第三次"出版人职业现状调查"自 2022 年 6 月 22 日开始,至 2023 年 4 月 13 日截止,采集有效问卷 1565 份。三次调查共收集有效问卷 6822 份,样本涵盖了我国 34 个省级行政区,其中第二次调查的样本量最大且覆盖范围最为广泛。

"出版人职业现状调查"活动的开展,能够较为全面地了解出版人在工作任务、薪酬福利、职业成长、职场压力与心理状态等方面的现状。调查数据能为出版行业调整产业政策、出版机构优化管理方式、出版从业者观照自身生存境况提供支持；为国家相关管理部门提供重要的决策参考依据，便于政府和行业管理部门制定更具针对性的政策，从而促进行业完善保障措施，推动出版机构提升职业关怀，加强从业人员的素质与能力，助力出版业实现转型升级和高质量发展。目前，职业现状调查在出版行业领域尚处起步阶段。在样本采集方面，样本采集平台的便捷性有待提升，样本采集的科学性有待进一步完善。我们期望能够引起更多相关研究者对这一领域的关注，并积极参与其中，共同推进调查研究工作，逐步构建对出版行业整体从业者从业状态进行科学、客观、权威且可信的研究分析体系。

"出版人职业现状调查"工作的开展，得到了各地出版集团单位领导和工作人员的大力支持，得到了部分出版社、期刊社、书店等发行单位的支持，在此表示感谢。在课题组负责人赵玉山编审的主持下，课题组成员多次召开研讨会，进行讨论、分析，并分专题反复修改，最终定稿。本书获得课题"编辑出版职业成长课程体系研究"（SKHX2020056）的支持。同时，图书的出版得到了中国国际广播出版社张宇清社长、刘丽编辑、韩蕊编辑等出版同人的大力支持和帮助，在此表示感谢！

由于时间紧迫，参与调查的人员水平有限，本书存在许多不足之处，诚挚地期待大家批评指正。

赵玉山　邢自兴

2024 年 9 月 5 日

目　录

第一章　出版人职业现状调查总报告

一、出版人职业现状调查报告（2017—2018 年度）

本次调查自 2017 年 11 月 24 日开始，截止到 2018 年 9 月 1 日，共采集有效问卷 1525 份，数据全部来源于手机终端。

调查问卷分为 5 大部分，包括基本信息、工作量和工作时间、薪酬福利、职业成长、职场压力等。共计 43 个问题，其中 42 个选择题，1 个简答题。项目有关压力、满意度等量化指标，设定 10 级量表，从 0 到 10 表示由弱到强，0 分为"非常弱"，5 分为"一般"，10 分为"非常强"。

（一）基本信息

1. 地区、单位分析

本次调查采集样本涵盖我国 29 个省、自治区、直辖市，未采集到青海省、西藏自治区、港澳台地区的数据。其中，来自北京地区的样本最多，有 583 份，约占样本总量的 38%，这与北京的出版机构数量较多有关。因包含北京市，华北地区的样本最多，其他地区的样本数量由高到低依次为华东、东北、华中、华南、西北、西南。

从单位性质来看，样本覆盖出版社、报刊社，也涉及民营图书公司、校对公司、新媒体出版公司，但出版单位的样本占比较大，约 79%，如表 1-1 所示。

表 1-1　样本地区、单位分布情况

地区	人数	占比	单位性质	人数	占比
华北	717	47%	大学出版社	450	30%
华东	249	16%	省市地方出版社	368	24%
东北	154	10%	国家部委直属出版社	303	20%
华中	139	9%	民营图书公司	282	18%
华南	107	7%	报刊社	75	5%
西北	89	6%	新媒体出版公司	25	2%
西南	70	5%	校对公司	22	1%

2. 性别、年龄、工龄分析

如表 1-2 所示，样本中女性居多，约为男性的 2.6 倍，性别比例失调，这一调查结果与出版业现实情况相符。从年龄来看，36 岁以下的年轻人占 66%，由此可见，"80 后""90 后"已成为出版业的主力军。从工龄来看，工作经验在 5 年以内的占 47%，说明出版业从业者年龄结构急需改进。当然，这也可能由于样本主要来自手机终端，与年轻人更习惯使用手机有关。

表 1-2　样本性别、年龄、工龄分布

性别	占比	年龄 / 岁	占比	工龄 / 年	占比
男	28%	≤ 30	35%	1—5	47%
女	72%	31—35	31%	6—10	26%
		36—45	24%	11—20	20%
		≥ 46	10%	≥ 21	7%

3. 学历、职称分析

如表 1-3 所示，样本中本科及以上学历占比 96%，可见，出版行业人才丰富，基本完成了学历结构升级，从业者基本素质良好。从职称结构来说，中级职称最多，占48%；高级职称较少，占14%。缺乏高级职称编辑，一方面说明出版业人才梯队建设有待完善，高级职称编辑急需补充，另一方面说明编辑职称晋升通道不畅，这也是出版行业高级人才缺乏的主要因素。

表 1-3　样本学历、职称分布

学历	占比 /%	职称	占比 /%
高中	1	助理编辑	16
专科	3	编辑	48
本科	46	副编审	11
硕士研究生	47	编审	3
博士研究生	3	其他（无）	22

4. 职业动机分析

如图 1-1 所示，样本中约 58% 的出版人是因为喜欢图书而进入出版业的，约 41% 的人是误打误撞选择出版业的，近 20% 的人选择出版业的原因是出版社作为国企，稳定有保障。为解决户口而选择出版业的样本主要集中在北京地区，但人数较少。整体来看，出版人的就业动机比较单纯，半数以上的出版人对出版业有清晰的认知，有长期从事出版工作的情感基础。

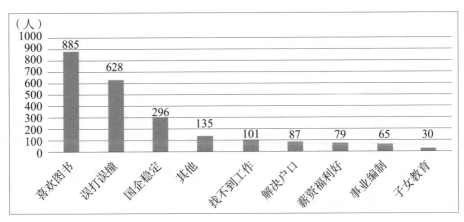

图 1-1　样本职业动机分析

5. 基本结论

样本覆盖 29 个省、自治区、直辖市，其中出版业高度聚集区华北地区的人数最多（48%），覆盖国家部委直属出版社、大学出版社、省市地方出版社、民营图书公司等机构。调查显示，出版业以 35 岁以下的年轻人为主（66%）；出版人的工龄主要集中在 1—5 年，占比 47%，6 年及以上占比 53%；有 96% 的出版人具有本科及以上学历，其中硕士占比 47%；出版业女性（72%）多于男性；超过半数（58%）的出版人是因为喜欢图书、热爱出版事业而从事出版工作的。

（二）工作量和工作时间

1. 工作岗位

样本涉及出版生产的 11 个环节，其中从事文稿编辑、策划编辑工作的人最多，占比 95%。岗位流动性较弱，大部分人（77%）从事过的工作岗位在 2 个及以下。出版是专业性很强的行业，很多策划编辑也兼做文字编辑、营销编辑的工作，文稿编辑还会从事策划、校对等工作，如图 1-2 所示。

2. 工作量

如表 1-4 所示，样本中 1025 人有文字工作量，大多数编辑的工作量集中在 400 万字以内，占比 55%；工作量高于 400 万字的竟占 45%，最高的文字工作量超过 800 万字。也就是说，如果一本书按 20 万字计算，那么将近一半的文字编辑每年看稿数量在 20 本左右，一部分编辑超过 40 本，如此大的工作量，恐怕图书质量难以保证。383 人（总占比 25%）有码洋任务，大多数（类占比 55%）码洋任务在 200 万元以下，最高的码洋任务超过了 800 万元。427 人（总占比 28%）有年度净利润指标，大多数（类占比 80%）净利润指标在 50 万元以下，最高的达到 300 万元以上。366 人（总占比 24%）没有具体的工作量指标，包括管理者、行政人员、助理编辑等岗位，主要从事内部服务工作。

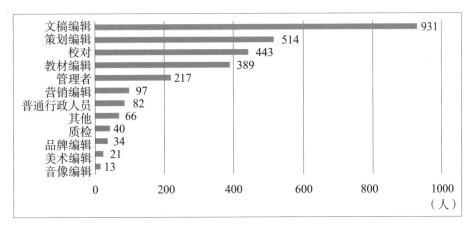

图 1-2　样本岗位分布

表 1-4　年度任务量指标

文字指标 / 万字	占比 /%	码洋指标 / 万元	占比 /%	利润指标 / 万元	占比 /%
<400	55	<200	55	<50	80
400—800	29	201—800	34	51—300	17
>800	16	>800	11	>300	3

3. 工作时间

严格考勤是传统出版机构的工作制度，73% 的出版人需要每天打卡；82% 的出版人有加班经历，1 周加班时间在 5 小时以上的占比 55%，这些人平均每天加班 1 个小时以上；66% 的出版人有出差经历，但出差时间不长，年出差天数超过 15 天的仅占 15%，如表 1-5 所示。

表 1-5　工作时间统计

考勤	占比 /%	加班（周）	占比 /%	出差（年）	占比 /%
每天严格打卡	73	不加班	18	不用出差	34
按周计算出勤	17	5 小时以内	27	7 天以内	33
宽松自由，无严格规定	7	5—10 小时	31	8—14 天	18
其他	3	11—20 小时	16	15—30 天	10
		20 小时以上	8	30 天以上	5

4.基本结论

整体来看，在出版产业进展中，出版人工作量化考核已经成为常态，文字工作量、码洋和利润都是重要的考核指标。出版人对工作内容的满意度平均值为 6.5，属于基本满意，说明出版从业者对自身职业的认可。但出版人对工作量和工作时间的满意度为 5.9，略微低于对工作内容的满意度平均值。说明出版人虽然喜欢出版工作，但工作内容的繁杂增加了工作难度，因此加班成为出版人的必然选择。

（三）薪酬福利

1.月薪分析

现实中，税后月收入 3001—5000 元、5001—8000 元的出版人最多，占比约 69%。约 16% 的出版人税后月收入在 3000 元以下，税后月收入超过 12 000 元的仅占 4%。25 人（1.6%）认为目前的收入合理，未填写期望薪酬。66% 的出版人期望月薪为 5001—12 000 元，25% 的出版人认为 12 000 元以上的月薪比较匹配目前工作，地区差异直接影响收入及期望值，如图 1-3 所示。由此可见，大部分出版人认为目前出版业薪资水平偏低。

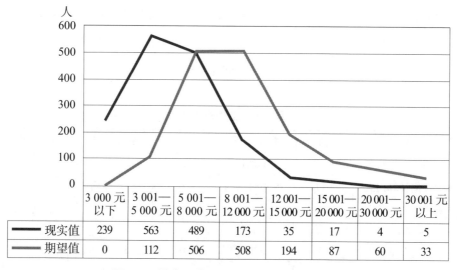

	3 000 元以下	3 001—5 000 元	5 001—8 000 元	8 001—12 000 元	12 001—15 000 元	15 001—20 000 元	20 001—30 000 元	30 001 元以上
现实值	239	563	489	173	35	17	4	5
期望值	0	112	506	508	194	87	60	33

图 1-3　样本月薪实际收入与期望收入比较

如表 1-6 所示,从地区来看,华北地区的收入水平最高,税后月收入 5000 元以上的出版人占比为 63%,主要集中在北京地区;华中、东北、西北三大地区出版人大部分月收入在 5000 元以下,其中东北地区月收入 3000 元以下的出版人占比为 36%。西北地区 99% 的出版人月收入在 8000 元以下。可见,地区经济发展水平直接影响行业收入。月薪超过 12 000 元的高收入群体在全国各地平均分布,属于行业高管和新媒体从业者。

表 1-6 不同地区月收入分布

月收入 / 元	华北	华南	西南	华东	华中	东北	西北
3 000 以下	9%	8%	27%	17%	22%	36%	22%
3 001—5 000	28%	37%	31%	48%	54%	39%	54%
5 001—8 000	40%	41%	31%	25%	15%	19%	23%
8 001—12 000	17%	10%	9%	6%	7%	4%	1%
12 001—15 000	3%	4%	2%	2%	2%	2%	0
15 001—20 000	2%	0	0	2%	0	0	0
20 001 以上	1%	0	0	0	0	0	0

如表 1-7 所示,从机构来看,月收入 8000 元以上和月收入 3000 元以下占比最多的都是新媒体机构,由此可见,新媒体从业者收入差距较大,"打破大锅饭"是新媒体出版行业的特征,有能力的新媒体机构已经打破地域限制,显示出很好的收入潜力。传统出版单位中,国家部委直属出版社收入最高,42% 的人月收入在 5001—8000 元,且月收入超过 8000 元的人占 26%。校对公司收入相对最少,最高收入不超过 8000 元,82% 的人收入低于 5000 元。

表 1-7 不同机构月收入分布

月收入 / 元	新媒体出版公司	国家部委直属出版社	大学出版社	报刊社	民营图书公司	省市地方出版社	校对公司
3 000 以下	28%	5%	15%	14%	16%	24%	23%
3 001—5 000	12%	27%	28%	40%	53%	44%	59%

续表

月收入/元	新媒体出版公司	国家部委直属出版社	大学出版社	报刊社	民营图书公司	省市地方出版社	校对公司
5 001—8 000	32%	42%	39%	25%	24%	24%	18%
8 001—12 000	20%	20%	14%	17%	4%	6%	0
12 001—15 000	4%	3%	3%	3%	1%	2%	0
15 001—20 000	0	2%	1%	1%	1%	0	0
20 001 以上	4%	1%	0	0	1%	0	0

如表 1-8 所示，从工龄看，出版人的月收入随工龄递增明显，但工作超过 10 年后，月收入趋于平缓。可以说入职前 10 年，是决定出版人收入的关键时期。从业超过 30 年，临退休的出版人，月收入又趋于下降，可能与绩效任务减少有直接关系。

表 1-8　不同工龄月收入分布

月收入/元	1—5 年	6—10 年	11—20 年	21—30 年	30 年以上
3 000 以下	25%	10%	6%	3%	21%
3 001—5 000	42%	41%	25%	21%	16%
5 001—8 000	30%	34%	36%	32%	21%
8 001—12 000	3%	12%	23%	28%	26%
12 001—15 000	0	2%	5%	9%	16%
15 001—20 000	0	1%	3%	5%	0
20 001—30 000	0	0	1%	1%	0
30 001 以上	0	0	1%	1%	0

2. 年终奖分析

如表 1-9 所示，从样本来看，24% 的出版人年终奖为 1.1 万—3 万元，占比最多。但也有近 21% 的从业者没有年终奖。年终奖 10 万元以上的样本仅占 3%，主要分布在国家部委直属出版社、大学出版社，其中大部分均有

10 年以上工作经验，年龄在 35 岁以上。华北地区年终奖最多，主要集中在北京地区，且年终奖 3 万元以上的，北京占华北地区的 94%。

表 1-9　不同地区年终奖分布

年终奖 / 万元	华北	华东	东北	华中	华南	西北	西南
0	20%	19%	33%	17%	14%	19%	24%
0.5 以下	17%	19%	22%	22%	16%	21%	16%
0.5—1	15%	12%	17%	18%	25%	19%	9%
1.1—3	21%	31%	19%	28%	27%	30%	30%
3.1—5	13%	12%	7%	7%	13%	4%	19%
5.1—10	9%	6%	1%	7%	5%	6%	3%
10.1 以上	5%	1%	1%	1%	1%	0	0

如表 1-10 所示，从单位性质看，国家部委直属出版社年终奖平均值最高，校对公司年终奖平均值最低。省市地方出版社和大学出版社年终奖基本持平。校对公司的年终奖最少，且 54% 的人没有年终奖。和月收入一样，年终奖随工龄递增明显。工龄越长，年终奖也越高，基本呈现正相关分布。

表 1-10　不同机构的年终奖分布

年终奖 / 万元	国家部委直属出版社	省市地方出版社	大学出版社	报刊社	民营图书公司	新媒体出版公司	校对公司
0	16%	17%	18%	34%	28%	32%	54%
0.5 以下	11%	15%	14%	20%	35%	24%	23%
0.6—1	13%	15%	18%	13%	15%	20%	14%
1.1—3	21%	32%	27%	25%	16%	12%	9%
3.1—5	18%	13%	14%	5%	2%	12%	0
5.1—10	13%	7%	6%	3%	3%	0	0
10.1 以上	8%	1%	3%	0	1%	0	0

3. 福利

如图 1-4 所示，出版业现有福利结构比较集中，排名前三的是体检（74%）、短期培训学习（62%，包括继续教育）、节日福利（48%）。出版业福利的职业针对性不明显，在女性从业者占比较高的行业，母婴室、幼儿托管等特殊关怀的福利也应该纳入规划。

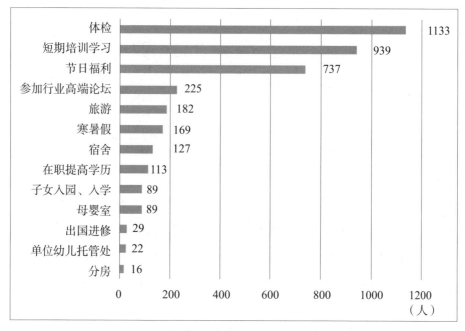

图 1-4　出版业现有福利

出版人期待的福利丰富多彩，如图 1-5 所示，其中，在职提高学历（34%）、参加行业高端论坛（29%）、旅游（27%）和出国进修（24%）是出版人最期待的福利。面对近年来出版业面临的外部环境挑战，出版人自身的学习动机非常强烈。结合行业现有福利来看，二者存在错位。出版业作为文化产业，继续教育和学习培训交流应该是未来亟待解决和满足的福利痛点。

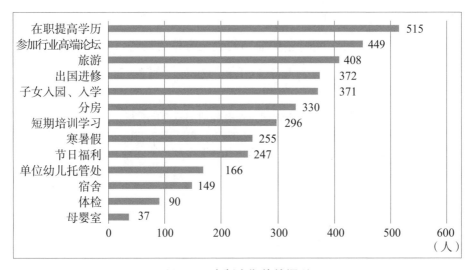

图 1-5　出版人期待的福利

4. 基本结论

总体来看，62% 的出版人认为自身税后月收入处于行业低等水平，仅 1% 的出版人认为其税后月收入处于行业高等水平。从行业内部来看，薪资受地区、工龄、单位性质等影响较大，北京地区国家部委直属出版社待遇相对较好。而校对公司的月收入和年终奖待遇处于行业最低水平。出版业现有福利种类较为单调，不能满足员工的实际需求。

出版人对薪酬福利的满意度为 4.9，属于不满意。和其他行业相比，薪酬福利竞争力评价为 3.8，表示出版人普遍认为自身行业薪酬福利缺乏竞争力。

（四）职业成长

1. 职业晋升

如表 1-11 所示，在有关职业晋升的多项选择中，66% 的出版人认为综合能力是影响晋升的主要因素，其他重要因素依次是"工龄""和直接上级的关系"，而为单位创造社会效益对晋升的影响排在最后。78% 的出版人提升业务能力靠自学，63% 的出版人靠请教同事，很少有参加社外学习、行业高端论坛的机会，行业相对封闭，职业能力提升机会受限。轮岗可以锻炼综合能力，但49%的出版人只从事过1个岗位。在当前融合出版和新媒体的冲击下，出版人的职业能力急需得到全方位的提升。从调查结果来看，出版人对未来晋升期望值为4.7，低于平均水平，持较为悲观的态度。

表 1-11　影响职业晋升的原因及途径分析

认为晋升原因	选比（多选）/%	提升途径	选比/%	从事岗位个数	选比（多选）/%
综合能力	66	自学	78	1	49
工龄	36	请教同事	63	2	33
和直接上级的关系	32	继续教育	43	3	12
经济效益	30	社内培训	37	4	3
学历	26	社外培训	27	≥5	3
特殊背景	21	行业高端论坛	15		
群众基础	9				
社会效益	8				

2. 职业期待

调查样本中，具有中级职称及以下的人数最多，占比约为82%，具有高级职称的占比约为18%。如表 1-12 所示，相对于固定岗位的文稿编辑、策划编辑，出版人更喜欢多个岗位变换的晋升渠道，多数出版人希望能在不同的岗位得到锻炼。相比一个岗位系列，出版人更喜欢在不同岗位得到职业认可，相比单纯的编辑业务，出版人更喜欢"业优则仕"，从事管理工作。一方面反映了出版机构仍然具有浓厚的国企文化，另一方面也与出版机构业务激励机制较弱或者缺失有关。

表 1-12　出版人期待的职业晋升路径

理想的路径	人数/个	占比/%
文稿编辑—项目编辑—部门主任—事业部负责人—（副）总编	543	36

续表

理想的路径	人数 / 个	占比 /%
助理编辑—文稿编辑—策划编辑—首席编辑	368	24
普通员工—部门主任（中层干部）—机构高层	274	18
助理编辑—1 级文稿编辑—2 级文稿编辑—3 级文稿编辑……	136	9
助理策划编辑—1 级策划编辑—2 级策划编辑—3 级策划编辑……	109	7
其他	95	6

3. 职业选择

从样本来看，"有跳槽打算并准备实施"和"有过跳槽打算"的出版人共 899 人，占比 59%，超过一半的出版人对目前的岗位不太满意，如表1-13 所示。跳槽的主要原因是"不满意薪酬福利"和"对职业前景迷茫"，共计占比 72%，因为不喜欢出版业而选择跳槽的仅仅占比 1%。如果跳槽，只有 47% 的人会依然选择出版业。焦虑难舍、又不看好职业前景应该是大多数出版人当下内心的真实写照。

表 1-13　出版人跳槽意愿及职业选择

跳槽意愿	占比 /%	跳槽原因	占比 /%	跳槽去向	占比 /%
有，并准备实施	14	不满意薪酬福利	46	其他出版单位	39
有过，现在不准备实施	45	对职业前景迷茫	26	其他行业	24
从未有过	7	个人原因	14	高校	21
现在没有，不知道以后	34	其他	7	还在出版业，自己创业	8
		人际关系问题	4	政府部门	8
		子女教育问题	2		
		不喜欢出版业	1		

4. 基本结论

整体来看，出版人对职业晋升持悲观态度。出版业目前晋升渠道不畅通、不合理，岗位基本没有变动，个人能力得不到提升。超过半数的出版人想跳槽，如果跳槽，超过一半的人不会再选择出版业。调查样本对于出版业未来发展前景判断平均分为 5.9，高于中值，处于基本乐观的边缘。

（五）职场压力

1. 人际关系

从样本来看，出版业人际关系比较简单，出版人和上级、同事的关系很好，和谐度最高点在 8，如图 1-6 所示。出版人与同事的关系要比与上级的关系更融洽。

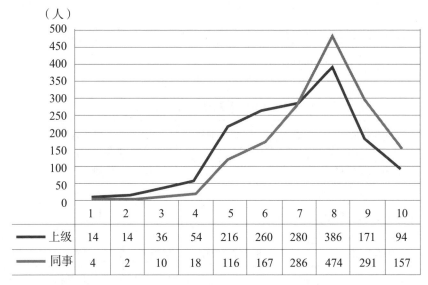

（人）	1	2	3	4	5	6	7	8	9	10
上级	14	14	36	54	216	260	280	386	171	94
同事	4	2	10	18	116	167	286	474	291	157

图 1-6　出版人职场关系和谐度分析

2. 压力来源

86% 的出版人存在不同程度的健康问题。颈椎不舒服、眼睛不好堪称出版职业病，如图 1-7 所示。

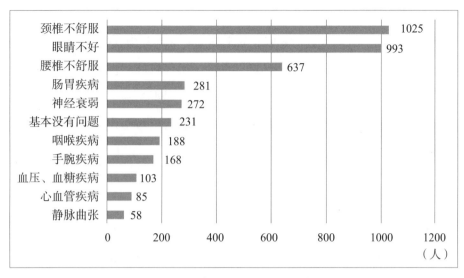

图 1-7　出版人职业健康指标统计

　　除病痛之外，出版人的压力更多来自薪资福利低（51%）以及工作量大、工作难度大（49%）。值得注意的是，出版物质检严格、行业转型升级也成为压力的主要来源，如图 1-8 所示。

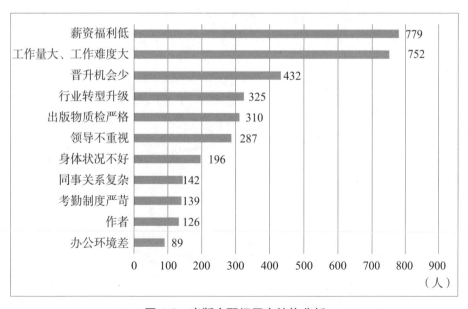

图 1-8　出版人职场压力结构分析

3. 基本结论

综合来看，出版人对自身职业基本满意，平均分为 6.6。职场环境比较和谐，大多数出版人与直接领导、同事的关系比较好。出版人的工作压力平均分为 6.4，压力主要来自薪资福利、工作挑战与晋升，行业转型升级和出版物质检严格也是编辑心中的鲠。出版人喜欢出版工作，工作积极性比较高，对出版业未来持谨慎乐观态度。

（六）结论

综合以上 5 部分内容，出版人对自己的职业现状综合评价均分为 5.7，表示基本满意。如图 1-9 所示，从单位性质来看，报刊社的出版人满意度最高，可能与大部分报刊社仍然保留传统事业编制、相关福利比较齐全有关；其次是民营图书公司、大学出版社及新媒体出版公司，应该与这几类机构相对宽松的管理环境相关；校对公司员工满意度最低，主要归因于较低的薪资水平和受限的职业前景。收入对职业满意度有较大影响，月收入 8001—30 000 元的出版人满意度最高，3 000 元以下的低收入者满意度最低。收入超过 30 000 元的出版人满意度反而稍有降低，反映了出版高收入人群工作承担压力更大，以及对自己职业生涯进一步提升的忧虑，如图 1-10 所示。

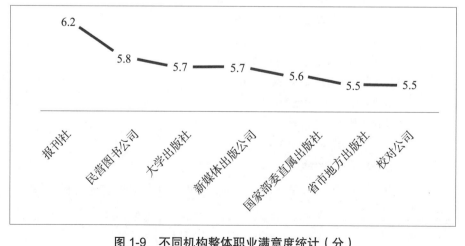

图 1-9　不同机构整体职业满意度统计（分）

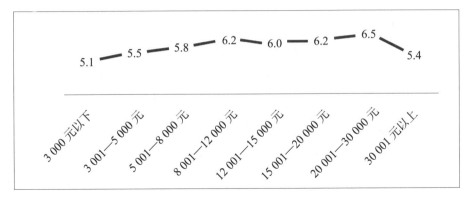

5.1　5.5　5.8　6.2　6.0　6.2　6.5　5.4

3 000 元以下　3 001—5 000 元　5 001—8 000 元　8 001—12 000 元　12 001—15 000 元　15 001—20 000 元　20 001—30 000 元　30 001 元以上

图 1-10　收入对职业满意度的影响分析（分）

总的来看，大多数出版人对出版行业的工作环境比较认可，对这份工作仍然保有热情，但薪酬和晋升是当前影响出版人职业发展的核心问题。

面对调查问卷最后的问题"最想对出版业说的一句话"，55% 的调查者留言参与，表达了自己对出版业现状的感受。出现最多的一句话是"痛并快乐着"，说明出版人虽然"有苦难言"，但仍然保持乐观和积极的心态。如图 1-11 所示，从词云结构中可以明显看出，除了中性的职业限定词，"希望""提高""喜欢""爱""加油"等高频词仍然一起在为出版的未来加油！

图 1-11　出版人词云结构

（本文发表在《科技与出版》2018 年第 10 期，执笔人：赵玉山、程晶晶）

二、出版人职业现状调查报告（2019—2020 年度）

对出版人职业现状开展调查研究，应该是出版业发展决策的基础性工作。但目前来看，对出版人从业状况的研究主要聚焦于某个岗位或某个问题，具备系统性、综合性的调研成果非常少。笔者认为，职业现状调查和研究应该从工作任务、薪酬福利、职业成长、职业压力、职业心理、职业期待等全方位、多角度开展研究和分析。

"出版人职业现状调查"的第一次调查采集有效问卷 1525 份，相关成果形成《出版人职业现状调查报告（2017—2018 年度）》（以下简称"第一次调查"）。第二次调查从 2019 年 4 月 30 日开始到 2020 年 10 月 25 日止，采集有效问卷 3732 份。问卷包括基本信息、工作量和工作时间、薪酬福利、职业成长、职业选择、压力调查等六部分，共 54 个问题。相比第一次调查，第二次增加了 13 个问题如出版人职业价值感等。

问卷中有关压力、满意度等主观评价问题采用分值量表，从 0 到 10 表示由弱到强，0 分"非常弱"，5 分"一般"，10 分为"非常强"。

（一）基本信息

调查涉及的基本信息，包括地区、单位、性别、年龄、学历、职称、岗位等。

1. 地区、单位分析

本次样本覆盖我国 34 个省级行政区，其中来自北京市的样本达 1306 份，占总样本 34.99%，这与北京作为全国文化中心、出版从业人员高度聚集相关。从七大地理分区看，华北地区样本最多（43.44%），其他地区的样本占比由高到低依次为华东、华中、华南、西北、东北、西南。从单位性质看，样本包括出版社、民营公司、报刊社及其他出版机构，其中出版社的样本超过半数，如表 1-14 所示。

表 1-14 样本地区、单位分布

地区	样本数	占比 /%	单位	样本数	占比 /%
华北地区	1 621	43.44	出版社	2 105	56.40
华东地区	764	20.47	民营公司	690	18.49
华中地区	378	10.13	报刊社	576	15.43
华南地区	264	7.07	其他	361	9.67
西北地区	246	6.59			
东北地区	246	6.59			
西南地区	213	5.71			

2. 性别、年龄、工龄分析

样本中，女性占 69.45%、男性占 30.55%，女性占绝大多数，这一结果与出版业实际状况相符。如表 1-15 所示，从年龄和工龄来看，31—45 岁的中青年占 56.76%，这部分群体年富力强，具有 6—20 年工作经验，是出版行业的中流砥柱。30 岁以下的"90后"生力军占 27.86%，新生代正在成为行业重要的新鲜力量。

表 1-15 样本年龄、工龄分布

年龄	占比 /%	工龄	占比 /%
30 岁以下	27.86	5 年以下	35.18
31—35 岁	23.45	6—10 年	25.13
36—45 岁	33.31	11—20 年	29.32
46—60 岁	14.82	21—30 年	8.36
60 岁以上	0.56	30 年以上	2.01

3. 学历、职称分析

如表 1-16 所示，样本中本科及以上学历占比高达 95.18%，其中，本科和硕士学位占比突出。博士学位的高端人才占 3.8%，大部分集中在学术期刊单位。专科及以下学历占比很少，除部分为入行较早的员工外，大部分从事校对、印制、排版等传统技术性岗位。74.72% 的出版人拥有职称，以中级职称为主，占 43.85%，高级职称为 22.27%，结构基本合理。本次调查采集民营公司样本 690 份，其中 57.97% 的人无职称，主要原因在于民营公司从业者尚未纳入出版行业的职称评选与晋升系列。

表 1-16　样本学历、职称分布

学历	占比 /%	职称	占比 /%
高中及以下	0.26	无	25.28
专科	4.56	初级职称	8.60
本科	46.44	中级职称	43.85
硕士研究生	44.94	副高职称	17.71
博士研究生	3.80	正高职称	4.56

4. 岗位分析

本次调查将岗位分为内容编校、行政管理、营销发行、技术服务等 4 个系列。从样本看，内容编校系列的从业者最多，占比达到 81.70%，行政管理系列的人数占比次之，营销发行和技术服务系列人员占比较少，如表 1-17 所示。在内容编校岗位中，图书编辑与期刊编辑无疑仍是中坚力量，二者合计占比超过了 80%。值得注意的是，质检人员与校对人员的占比相较于第一次调查有所增加，可能因为近年来出版业推进高质量发展，部分出版单位在质量把关环节增加了岗位。此外，新媒体编辑、数字编辑也崭露头角，反映了出版单位正在向新媒体宣传领域以及数字出版业务拓展，主动顺应时代浪潮，积极谋变创新。

表 1-17　岗位分布分析

岗位	人数	占比 /%
内容编校	3049	81.70
行政管理	499	13.37
营销发行	125	3.35
技术服务	59	1.58

5. 基本结论

本次调查和第一次调查相比，样本覆盖地区有所扩大，增加了青海省、西藏自治区以及港澳台地区。报刊社样本数量、年龄在 46 岁以上、从业 21 年以上、取得高级职称的样本均比第一次调查有所增加。样本在地区、单位、年龄、职称等方面分布更加平衡多样，为后续交叉分析奠定基础。样本中男女比例、学历占比情况与第一次调查相比变化不大。

（二）工作量和工作时间

1. 工作量

有明确文字加工量指标的编校岗位中，图书编辑任务量占比最多的是 200 万—400 万字，但这只是审校一遍的字数。实际工作中，按照"三审三校"的出版流程，责编需要通看稿件 2—4 遍，即需要完成 400 万—1600 万字的任务。校对和质检任务也较重，有相当多的人的文字加工量在 1000 万字以上。相对来说，期刊编辑文字任务量较轻，79.69% 的期刊编辑没有任务指标或任务在 200 万字以下，如表 1-18 所示。

表 1-18　文字加工量考核指标

岗位	无此项指标	<200 万字	201 万—400 万字	401 万—600 万字	601 万—800 万字	801 万—1000 万字	1000 万字
图书编辑	36.16%	10.44%	26.51%	13.17%	6.36%	3.85%	3.52%
校对	40.59%	6.93%	6.60%	8.25%	11.55%	7.59%	18.48%
质检	33.86%	6.30%	14.96%	9.45%	11.81%	7.09%	16.54%
期刊编辑	56.98%	22.71%	12.55%	4.09%	1.83%	0.71%	1.13%

如表 1-19 所示，营销发行岗位中，56.8% 的营销发行人员有码洋任务，其中主管的码洋任务最重，30.65% 的人码洋任务在 1000 万元以上；营销发行助理的码洋任务较轻，71.05% 的人没有此项任务，有此项任务的大多数

在 400 万元以下；电商专员的码洋任务量介于两者之间，50% 的人的任务量在 400 万元以下。据调查，营销发行人员除了发行码洋任务指标，还有催收账款的任务。

表 1-19　码洋任务量考核指标

岗位	无此项指标	100 万元以下	101 万—400 万元	401 万—1000 万元	1000 万元以上
营销发行主管	40.32%	11.29%	8.06%	9.68%	30.65%
营销发行助理	71.05%	13.16%	10.53%	2.63%	2.63%
电商专员	33.30%	33.30%	16.70%	0	16.70%

2. 工作时间

考勤是基本人力管理制度，超过六成的出版从业者所在单位考勤相对宽松或完全自由，对考勤制度比较满意（均分值为 6.12），只有 4.13% 的人因考勤制度严苛而有压力。

加班是工作常态，84.43% 的出版人需要每周加班。如表 1-20 所示，从时长看，行政管理和内容编校岗位加班频繁，大部分人每周加班 5 个小时以上，每周加班 20 个小时以上的人数也较多。营销发行和技术服务岗位加班时间较短，绝大多数的人每周加班 5 个小时以内或不加班，加班超过 20 个小时的人数较少。

表 1-20　不同岗位每周加班时长

岗位	不加班	5 小时以内	5—10 小时	11—20 小时	20 小时以上
行政管理	15.03%	26.45%	30.66%	17.64%	10.22%
内容编校	15.32%	28.14%	30.47%	17.35%	8.72%
营销发行	20.80%	43.20%	17.60%	15.20%	3.20%
技术服务	22.03%	42.37%	22.03%	11.86%	1.69%

如表 1-21 所示，许多出版人需要出差，其中营销发行岗位出差频繁，出差天数在 30 天以上的占 30.40%，主要因为营销发行人员需要到全国各地宣传推广产品。行政管理岗位出差也较多，居第二，47.68% 的人每年出差 7 天以上。内容编校岗位出差最少，40.51% 的人不用出差。

表 1-21 不同岗位每年出差天数

岗位	不用出差	7 天以内	8—14 天	15—30 天	30 天以上
营销发行	18.40%	25.60%	15.20%	10.40%	30.40%
行政管理	22.24%	30.06%	21.64%	16.03%	10.01%
技术服务	23.73%	40.68%	20.34%	10.17%	5.08%
内容编校	40.51%	35.19%	13.84%	8.53%	1.93%

3. 工作难度

在对工作难易度进行评分时，0 分表示"轻松完成"，10 分表示"非常难完成"。不同岗位的评分均值结果：行政管理（6.52）>营销发行（6.17）>内容编校（6.10）>技术服务（5.64）。不同岗位均值都高于 5 分，属于较难完成。其中行政管理岗位评分最高，可能因为本次该系列样本中，72.95% 为中层及以上领导，他们承担单位或部门的管理经营压力，加班时间最长，出差较为频繁，工作难度较大。营销发行和内容编校岗位工作难度相当，分析原因可能是近年来传统出版业面临读者流失、市场萎缩和技术挑战，营销发行人员感受到更大的市场压力；随着出版业向高质量发展转型，内容编校岗位不光要承担编校审读任务，还要经常接受出版机构内部和上级相关单位的质量监督检查，工作量和工作难度均加大，工作压力也明显增加。技术服务岗位没有具体考核指标，加班和出差都较少，因此从业者感受难度适中。

4. 基本结论

与第一次调查相比，本次调查将出版业的岗位划分更细，并从工作量、工作时间、工作难度等评价展开调查，全面呈现不同岗位的工作状态。四大岗位因为工作性质不同造成任务量、工作时间和工作难度有所差别，从业者感受也有较大不同。与第一次调查相比，考勤严格管理占比由 73% 降为 38.40%，变化最为明显，应该与 2019 年底新冠疫情期间，大多数出版机构调整考勤方案有关。

（三）薪酬福利

1. 薪酬分析

本次调查的薪酬包括月薪和年终奖。月薪指出版人每月税后收入，包含公积金。调查显示，94.16% 的人认为薪酬不合理，提高收入是出版人的普遍诉求。实际月薪在 5001—8000 元的人数最多，占 36.79%；而期待月薪 8001—12 000 元的人数最多，占 30.89%。实际月薪在 12 000 元以上的仅占 10.38%，期待月薪超过 12 000 元人数占 40.78%，如图 1-12 所示。

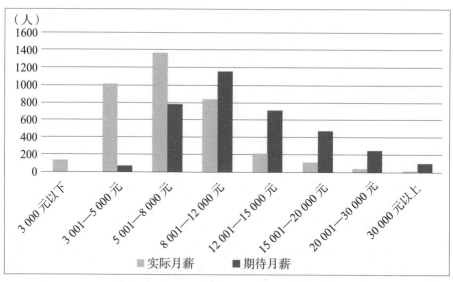

图 1-12　出版人实际月薪和期待月薪

调查样本中，84.42% 的出版人有年终奖。年终奖 1.1 万—3 万元人数占比最多（27.65%），51.26% 的出版人年终奖在 3 万元以下，年终奖超过 10 万元的仅占样本 6.3%，如图 1-13 所示。这说明出版业年终奖覆盖率很高，金额却不高。

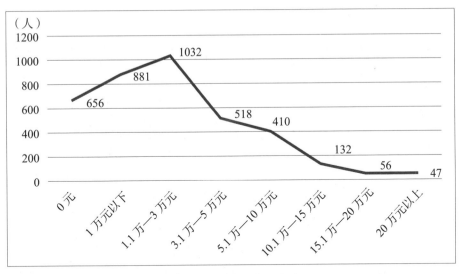

图 1-13　年终奖收入分布

2. 薪酬影响因素

整体来看，出版业的薪酬水平相对公平，收入差距不大。影响薪酬高低的因素主要有地区、单位、岗位、职称等。

从地区来看，受北京样本的影响，华北地区年收入最高，44.97% 的人月收入在 8000 元以上，年终奖 5 万元以上的人数占比达 22.89%。东北地区年收入最低，超过六成的出版人月薪在 5000 元以下，仅 2.44% 的人超过 12 000 元；32.93% 的人没有年终奖，年终奖 5 万元以上的人数占比仅 5.29%，如表 1-22 所示。

表 1-22　不同地区月薪与年终奖比较

月薪	3 000 元以下	3 001—5 000 元	5 001—8 000 元	8 001—12 000 元	12 001—15 000 元	15 000 元以上
华北	2.22%	17.33%	35.48%	30.04%	8.08%	6.85%
华东	3.14%	27.75%	40.45%	20.94%	4.19%	3.53%
华南	1.93%	25.48%	42.47%	18.15%	5.02%	6.95%
西南	3.29%	31.92%	40.84%	17.37%	4.23%	2.35%
华中	4.50%	41.01%	34.66%	13.49%	3.97%	2.37%

续表

月薪	3 000 元以下	3 001—5 000 元	5 001—8 000 元	8 001—12 000 元	12 001—15 000 元	15 000 元以上
西北	6.91%	40.65%	36.59%	12.60%	3.25%	0
东北	10.98%	49.19%	28.45%	8.94%	0.81%	1.63%

年终奖	0 元	1 万元以下	1.1 万—3 万元	3.1 万—5 万元	5.1 万—10 万元	10 万元以上
华北	19.12%	20.11%	24.24%	13.63%	13.88%	9.01%
华东	13.73%	20.39%	31.37%	17.65%	10.72%	6.15%
华南	10.42%	28.57%	35.52%	12.36%	10.04%	3.11%
西南	18.78%	21.60%	29.11%	15.49%	7.98%	7.05%
西北	15.85%	28.46%	31.30%	16.67%	6.50%	1.22%
华中	14.29%	33.60%	30.69%	10.32%	8.73%	2.38%
东北	32.93%	32.93%	20.73%	6.91%	4.07%	1.22%

　　如表 1-23 所示，从单位类型来看，报刊社的月薪相对较高，8000 元以上的人员占比多于其他单位。出版社的年终奖最高，5 万元以上的年终奖占比高达 24.31%。民营图书公司年收入最低，月薪和年终奖收入均低于其他单位。主要是因为参与本次调查的民营图书公司种类较多，如策划公司、排版校对公司、发行推广公司、技术服务公司等，这些单位大部分规模较小，营收能力比较弱。

表 1-23　不同单位月薪与年终奖比较

月薪	3 000 元以下	3 001—5 000 元	5 001—8 000 元	8 001—12 000 元	12 001—15 000 元	15 000 元以上
报刊社	2.26%	21.53%	35.76%	28.30%	6.77%	5.38%
出版社	3.90%	26.32%	36.10%	23.14%	6.13%	4.42%
其他公司	6.09%	26.59%	34.07%	21.05%	5.54%	6.65%
民营图书公司	2.46%	33.19%	41.16%	15.80%	3.48%	3.91%

续表

年终奖	0元	1万元以下	1.1万—3万元	3.1万—5万元	5.1万—10万元	10万元以上
出版社	11.87%	16.90%	28.92%	18.00%	15.29%	9.02%
报刊社	20.49%	26.74%	32.99%	10.42%	6.76%	2.60%
其他公司	24.10%	29.64%	24.65%	12.47%	5.54%	3.60%
民营图书公司	29.13%	38.41%	20.87%	4.93%	4.20%	2.46%

从岗位来看，行政管理年收入最高，在8 001—12 000元人数占比最多，高收入段中，月薪在15 000元以上和年终奖5万元以上的人数占比均高于其他3种岗位。其他3个岗位月薪5001—8000元人数占比最多，其中技术服务岗位高收入人数占比明显高于内容编校和营销发行。内容编校、营销发行年终奖人数占比最多为1.1万—3万元，技术服务岗占比最多为1万元，如表1-24所示。

表1-24　不同岗位的月薪与年终奖分布

月薪	3 000元以下	3 001—5 000元	5 001—8 000元	8 001—12 000元	12 001—15 000元	15 000元以上
行政管理	2.20%	15.83%	25.85%	30.47%	12.02%	13.63%
技术服务	5.08%	23.73%	27.13%	22.03%	8.47%	13.56%
内容编校	3.74%	28.76%	38.80%	21.15%	4.62%	2.93%
营销发行	4.80%	26.40%	36.00%	20.00%	4.80%	8.00%

年终奖	0元	1万元以下	1.1万—3万元	3.1万—5万元	5.1万—10万元	10万元以上
行政管理	14.63%	11.82%	24.25%	16.83%	17.64%	14.83%
内容编校	18.36%	25.48%	27.97%	13.64%	9.67%	4.88%
营销发行	9.60%	24.80%	36.00%	8.00%	16.00%	5.60%
技术服务	18.64%	25.42%	22.03%	13.57%	11.87%	8.47%

从职称看，月薪和职称正相关，随着职称的提高，月薪也明显提高。无职称和初级职称月薪在3000—5000元的人数最多，中级职称月薪在5001—8000元的人数最多，副高和正高月薪在8001—12 000元的人数最多。年终奖也受职称影响较大，不过从超过3万元的高收入段来看，高级职称的人数占比较多，其中副高职称高收入占比人数比正高职称要多，如表1-25所示。

表1-25　不同职称的月薪与年终奖分布

月薪	3 000元以下	3 001—5 000元	5 001—8 000元	8 001—12 000元	12 001—15 000元	15 000元以上
无	7.32%	39.87%	35.42%	12.30%	2.44%	2.65%
初级	4.98%	45.48%	37.39%	10.90%	0.62%	0.63%
中级	2.75%	24.56%	40.81%	23.76%	5.19%	2.93%
副高	0.45%	11.35%	32.38%	35.25%	11.20%	9.37%
正高	0.59%	2.35%	21.76%	36.48%	16.47%	22.35%

年终奖	0元	1万元以下	1.1万—3万元	3.1万—5万元	5.1万—10万元	10万元以上
无	29.98%	34.85%	23.41%	5.51%	3.92%	2.33%
初级	23.36%	37.38%	26.48%	7.79%	3.74%	1.25%
中级	11.18%	21.44%	31.83%	17.90%	12.40%	5.25%
副高	13.31%	10.74%	23.00%	19.06%	19.52%	14.37%
正高	15.88%	6.47%	31.18%	12.94%	17.06%	16.47%

3. 福利分析

调查显示，出版人享受多种福利。如图1-14所示，除了社会保险和法定假期外，半数以上的出版人都获得了体检、补贴（餐补、交通、取暖等）、带薪休假、节日慰问金等福利。44.58%的出版人还享有补充医疗、补充公积金、企业年金等补充性保障，这些为出版人增加了一定的经济收入，因此有30.81%的出版人期待获得此类福利。25.34%的人享有参加行业培训论坛的福利。其他福利人数占比均在10%以下。

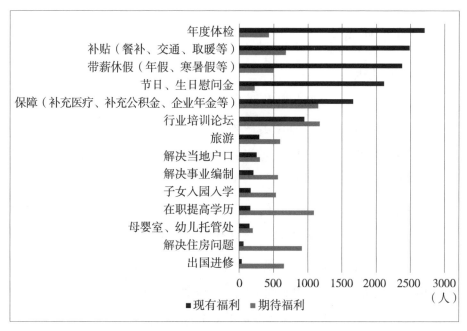

图 1-14　现有福利和期待福利

总体来看，出版人基础福利较为全面。转企改制后出版单位很少再能提供编制、户口、子女教育等福利，但依然有人期待获得此类福利。参加行业高端论坛、增加保障福利、在职提高学历是大多数出版人希望增加的福利。面对近年来业内外变革，出版人自身的学习动机非常强烈，需要行业上下共同努力解决。

4. 基本结论

第一次调查中出版人月薪占比最多的是 3001—5000 元，第二次调查人数占比最多的是 5001—8000 元，除了因为本次统计包含了公积金外，出版人月薪随社会整体经济发展也有小幅提升。本次调查中出版人对薪酬福利的满意度均值为 4.8 分，略低于第一次 4.9 分，看来尽管出版人收入整体有所提高，但满意度未有明显提升。出版人薪酬待遇与当地同龄人相比较，分值为 4.42，表示出版人认为自身行业薪酬福利没有竞争力。

（四）职业成长

1. 入职动机

调查结果显示，大部分出版人入职动机单纯且明确，即对出版工作有较大兴趣爱好（63.18%），如图 1-15 所示。具体而言，目前出版人对现有工作依然保有热情，非常喜欢和比较满意占大多数，近三成的人对现有工作的态度是凑合做，完全不喜欢现在工作的只占 1.5%。"最想对出版业说的一句话"中，49.44%（1845 人）的调查者参与留言，表达了自己对出版业现状的真切感受。从词频分析来看，"努力"（252 次）、"学习"（70 次）、"快乐"（58 次）等表示积极的词位居前列，与第一次调查词频感情色彩比例基本相当，说明绝大多数出版人依然对出版业的未来充满信心。总体来看，出版工作符合高学历群体喜欢从事文化工作的心理期望。

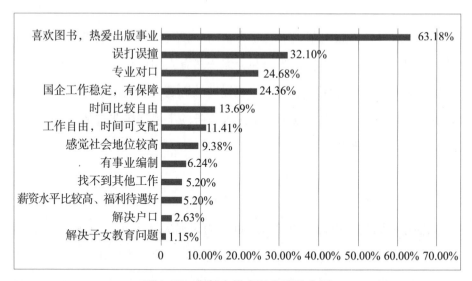

图 1-15　出版人样本职业动机分析

2. 职业发展

样本对职业规划评分均值为 5.99 分，属于较为清晰。如表 1-26 所示，内容编校岗员工（56.02%）希望从业务新手成为业务专家，其他三类岗位员工的职业规划倾向更加多元化：有的希望成为业务专家，有的希望成为高层管理，有的希望根据工作需要发展。不同岗位的职业规划具有不同特点。

表 1-26　不同岗位出版人职业规划路线

岗位	业务系列：业务新手→业务专家	管理系列：基层行政→高层管理	交叉系列：业务新手→高层管理	交叉系列：基层行政→业务专家	自由系列：努力工作，根据需要
行政管理	16.83%	24.25%	19.64%	24.45%	14.83%
内容编校	56.02%	2.89%	14.04%	5.08%	21.97%
营销发行	28.00%	14.40%	28.00%	4.00%	25.60%
技术服务	33.90%	6.78%	18.64%	11.86%	28.81%

出版人从业经历中的"高光"时刻，并不是奖金增加和职位提升，而是成为公认的专家（29.23%），得到作者或合作者认可（18.01%），产品或项目畅销市场（17.71%）。出版人认为的"至暗"时刻也并不是扣奖金或降职，而是职业迷茫、能力没有长进（42.90%），因产品或项目质量不合格而受到处罚（22.72%），产品或项目没有市场（12.86%）。这一发现对于建设出版企业文化具有重要的启发意义：想激发出版人创新活力，应该创造更多"高光"时刻，奖金和升职的激励作用并没有想象得那么大。

除了国家每年统一组织短期继续教育外，样本中 72.94% 的人靠自学来提高业务能力，其次是请教同事、同行（51.61%），单位组织的培训（44.45%）。需要注意的是，公众号、微信群、网课等线上平台成为出版人提升能力的新渠道。总体来看，出版人缺乏专业的业务学习平台和外部学习交流的机会。如图 1-16 所示，从学习内容来看，大多数出版人希望多学习和提升编校业务知识（57.32%）、选题策划能力（53.27%）、新媒体与技术（40.59%）、行业规范解读（30.33%）。这说明基础的编校和策划知识始终是出版人希望掌握的核心能力，而行业规范和新媒体技术是出版人应对高质量发展和数字转型的要求而期待增长的技能。

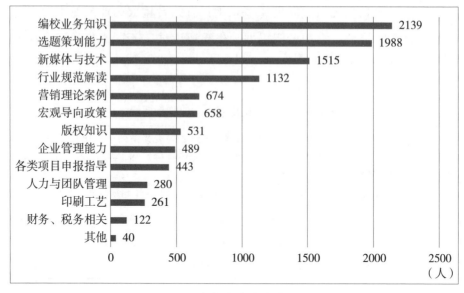

图 1-16　出版人喜欢的培训课程

3. 职业选择

44.13% 的出版人第一份工作就是出版，55.87% 的人是转行或跳槽进入出版行业的，出版界来自教育行业的人居多，看来出版与教育高度相关。

离开或者坚守，理由是什么？跳槽的主要原因是"薪资福利不满意"，其次是"不认同当前企业文化""领导的问题""对出版业前景悲观"等。坚守的原因是"生活压力大，跳槽风险高"，"对文化出版业充满信心""目前发展满意，不愿意再冒险""个人喜欢书香气，不喜欢挑战"等，如表1-27 所示。

表 1-27　影响出版人跳槽 / 不跳槽的主要因素

跳槽的原因	占比 /%	不跳槽的原因	占比 /%
薪资福利不满意	60.91	生活压力大，跳槽风险高	18.09
不认同当前企业文化	42.55	对文化出版业充满信心	16.85
领导的问题	26.34	目前发展满意，不愿意再冒险	16.77
对出版业前景悲观	23.60	个人喜欢书香气，不喜欢挑战	16.18
个人原因（家庭、身体等）	21.04	担心能力不足，找不到合适工作	13.24

跳槽的原因	占比 /%	不跳槽的原因	占比 /%
说不清楚	9.12	待遇还凑合，就是为养家糊口	9.83
子女教育问题	5.30	单位氛围好，舍不得领导和同事	9.03
同事关系紧张	4.05		
不喜欢出版行业	1.91		

跳槽之后，46.95% 的人选择教育行业，42.23% 的人选择其他出版单位，20.87% 的人选择入职政府部门，说明出版人还是倾向于选择稳定、文化教育类工作。

4. 基本结论

和第一次调查相同，大部分出版从业者是因为喜欢才从事出版工作，并且对现有工作比较满意。他们希望深耕业务，成为本领域的专家。然而现实中，出版人缺乏专业系统的学习平台，提升能力主要依靠自学和同事交流，面对当前行业快速变革，大多数人因应对转型能力不足而感到焦虑。有人跳槽，有人坚守，出版人的职业选择带有更多的"书香气息"。总体看，出版人对职业前景评分均值为 5.33 分，对职业生存状态满意度为 5.58 分，属于比较乐观满意。

（五）职业生存状态

1. 压力分析

综合样本来看，出版人的压力评分为 6.59，高于中值 5，属于压力较大。从出版机构类型看，出版社职业压力显著大于民营图书公司、报刊社和其他类型的出版机构。从工作岗位看，行政管理的压力最大，内容编校和营销发行压力基本相当，技术服务压力最小。从工作年限看，从业 5 年之内的新编辑职业压力最小，从业 11 年到 20 年的编辑职业压力最大，职业压力值呈现出先上升后下降的态势。从职称来看，初级职称的职业压力最小，随着职称级别的上升，职业压力逐渐增加，正高级职称达到最高点，如表 1-28 所示。

表 1-28　不同单位、岗位、工龄、职称的压力均值

单位	出版社	民营公司	报刊社	其他公司	
压力均值	6.82	6.4	6.29	6.07	
岗位	行政管理	内容编校	营销发行	技术服务	
压力均值	6.77	6.56	6.54	6.32	
工龄	5 年以下	6—10 年	11—20 年	21—30 年	30 年以上
压力均值	6.36	6.5	6.92	6.63	6.43
职称	无	初级职称	中级职称	副高职称	正高职称
压力均值	6.33	6.02	6.66	6.92	7.01

2. 压力来源

出版人的压力来自多方面，排名前三的是"工作量大、工作难度加大""薪资福利低""晋升机会少"，其他压力来源如"单位企业文化不好""自身能力不足""行业转型适应困难"等都使出版人觉得工作难度加大，如图 1-17 所示。

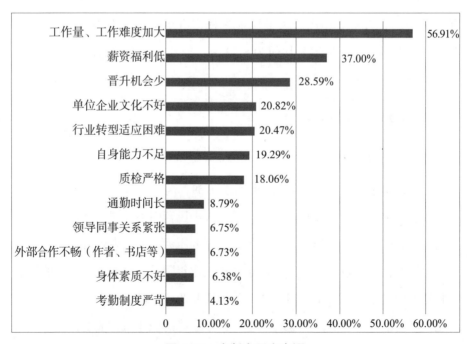

图 1-17　出版人压力来源

从样本看，人际关系和身体素质不好给出版人带来的压力较小。调查显示，出版人与上级的关系评分为6.7，属于比较好；与同事的关系评分为7.48，属于特别好，说明出版人与上级、同事的关系比较融洽。但是94.08%的出版人因工作存在亚健康问题，主要为颈椎、腰椎和眼睛疾病，但身体健康不佳给出版人带来的压力排倒数第二，说明其他压力给出版人带来的困扰更大，身体亚健康并没有给出版人带来额外的心理负担。

3. 职业满意度

从样本来看，出版人的职业满意度评分为5.58，高于中值5，属于比较满意，这一情况和第一次调查基本相同。职业生存满意度与月薪呈正相关，月薪越高职业满意度越高，8000元以上的出版人职业满意度都在6分以上。工作年限与职业满意度成正比，工作时间越长的职业满意度越高，说明工作内容符合出版人的期待。从岗位来看，行政管理岗位的职业满意度最高，技术服务岗位其次，内容编校和营销发行岗位的职业满意度基本相当，如表1-29所示。

表1-29　不同月薪、工龄、岗位的职业满意度均值

月薪	3 000元以下	3 000—5 000 元	5 001—8 000 元	8 001—12 000 元	12 001—15 000 元	15 001—20 000 元	20 001—30 000 元	3 万元以上
均值	5.14	5.15	5.42	6.02	6.19	6.60	6.93	7.53
工龄	5 年以下	6—10 年	11—20 年	21—30 年	30 年以上			
均值	5.41	5.48	5.66	6.05	6.55			
岗位	行政管理	内容编校	营销发行	技术服务				
均值	6.13	5.47	5.75	6.08				

4. 基本结论

出版人的压力主要来自"工作量大、工作难度加大""薪资福利低""晋升机会少"。与第一次调查比，"工作量大、工作难度加大"的占比超越

"薪资福利低",成为压力的首要来源,这说明相比薪酬低,近年来随着国家出版业高质量发展一系列政策调整,出版工作本身给出版人带来了更大的压力。从压力感受值来看,其中来自出版社、行政管理岗位、从业11—20年、正高职称的出版人压力最大,主要是因为这些从业者的工作量和工作难度较大。从职业生存满意度来看,月薪在8000元以上、工作年限在20年以上、行政管理岗位的满意度最高,主要是这部分从业者基本处于领导岗位,收入较高,且掌握一定的管理权,职业使命感更明显。而收入低、工龄短的年轻编辑和发行人员,处于基层一线岗位,工作量和工作难度大,对职业生存状况满意度较低。

(六)讨论与建议

当前出版行业正经历由传统出版向融合创新转型、由数量扩张向效益提升转型、由出版生产向知识服务转型。转型必然带来变革和重构,行业和机构所面临的竞争压力和风险挑战,都会直接传导至从业者身上。为进一步推进出版业高质量发展和人才队伍的优化建设,本书编写组提出如下建议。

第一,出版产业从数量规模向质量效益转型刻不容缓。

当前我国每年出版规模和出版物品种,均已居于全球前列,但文化影响力和出版效益仍有很大提升空间。调查显示,编校人员承担的文字加工量过高,营销发行人员承担的码洋任务较重,出版人需要经常加班和出差才能完成考核任务,职业健康问题成为从业者的普遍问题,说明工作任务已超出正常负荷。文化消费市场进入高质量需求时代,单纯依靠数量品种已经无法满足读者的精神消费期待。出版业高质量发展的管理、研发、推广机制有待全行业创新机制、共同探索,依靠数量和规模的低水平重复已经无法适应新时代文化事业的发展。

第二,加大出版专业培训,促进业务能力提升。

出版业近年来面临技术变革、管理机制调整、读者用户大面积流失等诸多挑战，出版人普遍感受到工作变得困难，个人能力不足，甚至有人因此离开出版行业。因此，行业协会、高等专业院校、出版企业组织应积极加大出版从业者继续教育培训，为出版人提升个人能力提供常态化、有针对性的帮助。从调查结果来看，尽管国家相关部门非常重视出版从业者的继续教育，但大部分出版人表示业务能力提升主要靠自学和同事互助，说明现有的培训体系无法满足出版人的业务需求。研发建设系统化、常规性、针对性、实践性密切结合的课程体系是当前出版行业继续教育的紧迫任务。

第三，融合出版任重道远，数字化赢利路径急需明晰。

当前人类文化信息的生产、阅读、消费已经进入全新时代，出版业的数字化融合出版既是行业面临的紧迫任务，也是落实文化强国战略的使命担当。尽管大多数出版人清醒地认识到融合出版发展的紧迫性和必要性，然而结合问卷数据看，在实际出版工作中，融合出版项目的开展并不理想。面对融合出版新技术，只有 1.5% 的出版人表示基本适应，且已经有成功项目；7.07% 的人在大胆探索、积极推进；超过 90% 的出版人还在积极准备学习中，或者"靠老本事吃饭"。由此可见，出版企业还须积极落实国家近年来出台的一系列融合出版指导意见，加快融合出版和优化升级的步伐，尽快找到数字化赢利的新路径。

第四，优化薪酬福利机制，努力提高出版人收入。

样本中 94.16% 的人认为薪资不合理，希望提高收入；多数人认为和当地同龄人相比，薪资没有竞争力；对薪资福利不满意是出版人跳槽的首要原因。这说明当前的薪资水平对出版人达不到激励效果。作为文化创意的内容产业，人才是行业发展的核心资源和重要动力。为了进一步吸引和留住人才，出版机构需要改进薪酬福利机制来应对变化，例如科学制定绩效考核方案、优化考核方式，提升薪酬体系透明度，缩短绩效考核的时间，帮助员工了解薪酬体系构成要素、明确绩效考核指标，按时兑现绩效奖励等，真正发挥绩效考核的作用。

（七）结语

本报告尚有许多问题有待进一步完善。第一，样本采集渠道有待拓展。受样本采集渠道的影响，样本群体分布不均衡，表现为：出版社样本数量较多，报刊社、民营图书公司样本较少；内容编校岗位数量最多，其他岗位样本数量较少；中青年出版人偏多，客观上影响了对出版行业整体从业者从业状态的分析。第二，研究成果尚需拓展。两次出版人职业生存现状调查共采集问卷 5257 份，虽已初步掌握了一些基础数据，但结果分析局限于描述性研究，深度和广度有待进一步拓展；同时也需要从社会学、统计学、心理学等其他学科角度观察分析。第三，出版人职业生存数据库有待建立。出版人职业生存现状调查是当下出版从业者工作状态的直观反映，全面客观的分析研究可以为国家相关管理部门做出决策提供信息参考。可见，出版人职业生存数据库的建立和完善尚需更多的专业机构共同努力推进。

（本文发表在《科技与出版》2021 年第 7 期，执笔人：赵玉山、程晶晶、刘浩冰）

三、出版人职业现状调查报告（2022—2023 年度）

"出版人职业现状调查"主要围绕出版人从业现状展开，内容包括基本信息、工作量和工作时间、薪酬福利、职业成长、职业选择、压力调查等方面。同时，根据行业实际情况和社会环境变化，每次调查会适当增减并优化部分相关指标。因此，3 次调查活动有些指标数据可以纵向对比，有些指标数据则没有对比数据。为方便对比分析，以下将 3 次调查活动分别简称为"第一次调查"（编号 N1）、"第二次调查"（编号 N2）、"本次调查"（编号 N3）。

本次调查问卷共 49 道问题，其中客观问题 35 道，主观问题 14 道。问卷中有关压力、满意度等主观评价问题根据问题类型采用分值量表。

（一）调查报告分析

1. 样本分布情况

本次调查共采集有效样本 1565 个，从样本的地区来源看，本次调查样本覆盖全国 31 个省级行政区，未采集到西藏自治区、台湾地区、澳门特别行政区的数据。相比第一次调查，本次调查增加了青海省、香港特别行政区的数据；与第二次调查相比，本次调查未采集到西藏自治区、台湾地区、澳门特别行政区的数据。从省级行政区来看，北京市作为全国文化中心，出版从业人员高度聚集，样本数量仍然最多，达 476 份，占总样本的 30.42%。样本中出版社的样本数量占比最高（48.63%），报刊社其次，书店（发行）公司最少。从地区和单位结构看，本次调查的样本分布与前两次调查所呈现的特征基本相似。本次调查样本的性别、年龄、工龄、岗位、单位性质、职位、学历、职称、地区分布情况如表 1-30 所示。

表 1-30　样本分布情况

分类标准	具体类别	样本数量	占比 /%	分类标准	具体类别	样本数量	占比 /%
性别	男	501	32.01	职位	普通员工	1031	65.88
	女	1064	67.99		中层领导	438	27.99
年龄	30 岁以下	290	18.53		高层领导	96	6.13
	30—35 岁	419	26.77	学历	高中及以下	4	0.26
	36—45 岁	535	34.19		专科	56	3.58
	46—59 岁	292	18.66		本科	739	47.22
	60 岁及以上	29	1.85		硕士	675	43.13
工龄	5 年以下	413	26.39		博士	91	5.81
	5—9 年	375	23.96	职称	无	306	19.55
	10—20 年	586	37.44		初级职称	151	9.65
	21—34 年	170	10.86		中级职称	680	43.45

续表

分类标准	具体类别	样本数量	占比 /%	分类标准	具体类别	样本数量	占比 /%
工龄	35 年及以上	21	1.34	职称	副高职称	306	19.55
岗位	行政管理	152	9.71		正高职称	122	7.80
	内容编校	1236	78.98	地区	东北地区	123	7.86
	营销发行	52	3.32		华北地区	609	38.91
	技术服务	64	4.09		华东地区	344	21.98
	广告运营	8	0.51		华南地区	106	6.77
	其他	53	3.39		华中地区	169	10.80
单位性质	报刊社	431	27.54		西北地区	103	6.58
	出版社	761	48.63		西南地区	110	7.03
	书店（发行）公司	21	1.34		香港特别行政区	1	0.06
	文化（技术）公司	352	22.49				

从性别看，本次调查样本男女性别比为 47.1（女性为 100），这与出版业女多男少的现实情况相吻合。与前两次调查相比（N1=38.9，N2=44.1），虽然女性占比依然较大，但男女性别比呈上升趋势，出版业作为"稳定工作"，逐渐开始受到男性青睐。

从年龄结构看，30—45 岁的中青年仍然是出版业的主力军，占比超六成；30 岁以下的出版人占比近两成；46 岁及以上的出版人占比两成多。与前两次调查相比，36 岁以下样本占比呈下降趋势，特别是 30 岁以下样本占比下降明显，占比从第一次调查的 35.00% 下降到本次调查的 18.53%，36 岁及以上样本占比均呈上升趋势，如图 1-18 所示。出版从业人员结构有所变化，须进一步研究，提防人才梯队老龄化问题。

从工龄看，87.79% 的样本从事出版工作在 20 年以内，本次调查样本中从业 10—20 年的人员占比最多（37.44%）；相比前两次调查，可以看出 5 年以下工龄呈现出明显的下降趋势，从 47.00% 下降到 26.39%。而超过 20

年工龄的人员三次调查占比呈现走高趋势，特别是与第一次调查相比，占比增加非常明显，如图 1-19 所示。结合样本年龄占比变化趋势，可以看出 36 岁以上、进入出版行业 5 年以上的从业者占比具有明显的增加趋势，而 30 岁以下，入职 5 年以内的出版新人占比具有明显减少趋势。出版从业者年轻人占比减少，其原因值得我们进一步观察分析。

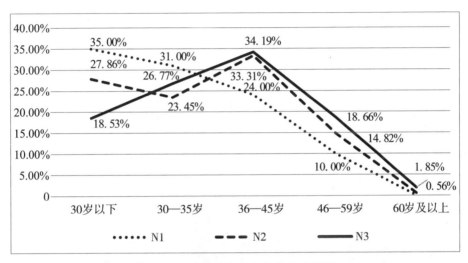

图 1-18　三次调查样本年龄变化趋势

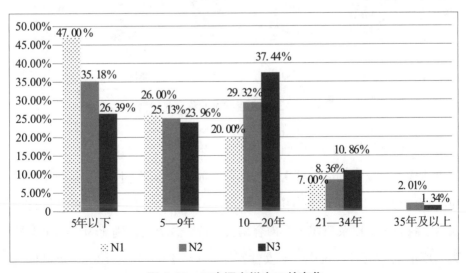

图 1-19　三次调查样本工龄变化

调查显示，出版人的学历仍以本科和硕士学历为主，共占比 90.35%；博士学历占比近 6%。本科及以上学历中，女性占比均高于男性，其中硕士学历相差最多，女性高于男性 19.87%。与前两次调查相比，学历分布相对稳定，本次调查中本科、博士学历占比小幅上升，硕士学历占比略有下降。

职称调查显示，样本中中级职称最多，占比超四成；高级职称占比两成多（其中副高职称占比 19.55%，正高职称占比 7.80%）；初级职称不足一成。近两成出版人未纳入职称系列，这与调查样本中部分人员来自书店（发行）公司、文化（技术）公司有关。如图 1-20 所示，与前两次调查相比，初级、中级职称呈下降趋势，其中，初级职称下降较多；高级职称则呈上升趋势。

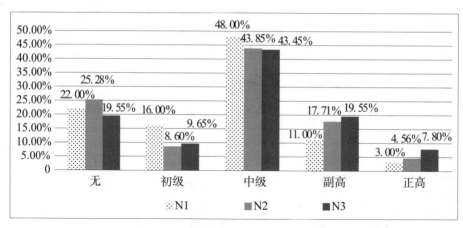

图 1-20　三次调查样本职称变化趋势

本次调查的样本岗位同前两次调查基本相近，内容编校岗位最多，占比近八成；行政管理岗位其次，占比近一成；技术服务岗位、营销发行岗位、广告运营岗位和其他岗位占比均不足一成，其他岗位主要包括版权、质检、融合出版以及兼职等。内容编校岗位中，男女性别比为 38.5（女性为 100）；行政管理岗位中，男女性别比为 123.4（女性为 100），可见出版业中不同岗位性别比例差距较大。

从职位看，普通员工占比最高，超过六成，中层领导次之，占比两成多，高层领导最少。从普通员工、中层领导到高层领导，男女性别比分别为 32.3、71.8、219.8（女性为 100），呈现出明显的增高态势。在高层领导中，男性数量更有优势，占比高于女性 2.30%。

总的来看，本次调查与前两次调查相比，报刊社样本占比保持了上升趋势，出版社样本占比则相对有所减少。男女性别比从 38.9 上升到 47.1，男性占比有增多趋势。调查样本的学历结构分布相对稳定，三次调查基本一致。在出版从业者中，30—45 岁、5—20 年工龄的出版人仍然是出版主力军。本次调查相比前两次调查，在分析样本基本信息时更加关注不同性别在职称、学历、职位、岗位的分布情况。

2. 调查结果

除受调查者基本信息外，本次调查还围绕工作量和工作难度、薪酬福利、职业成长、职业压力、职业认同、企业文化、融合业务等其他有关职业状态进行了调查。

（1）工作量和工作难度

本次调查显示，近七成出版人有具体刚性任务指标，占比 68.37%。不同出版人群体的任务指标具有明显的差异性，书店（发行）公司、文化（技术）公司、报刊社有具体刚性任务指标的占比高于整体占比，其中书店（发行）公司占比最高（80.95%），出版社此项占比（67.54%）则略低于整体占比。从不同岗位看，营销发行岗位、内容编校岗位有具体刚性任务指标占比高于整体占比，其中，营销发行岗位占比最高（78.85%）；技术服务岗位、广告运营岗位、行政管理岗位则远低于整体占比。

按照 10 级量表统计，样本整体工作难度均值为 6.61，属于较难完成，较第二次调查（6.15）有所增加，如图 1-21 所示。其中选择 7 分选项的最多，占比 22.35%；选择 10 分（很难完成）选项的较少，占比 6.13%，还有两成多出版人选择 1 分至 5 分之间的选项，显示不同群体对工作难度感知存在一定差异性。

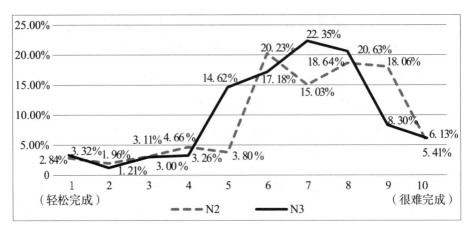

图 1-21　工作难度样本对比

如表 1-31 所示，不同出版人群体对工作难度感知具体表现为，女性感知工作难度略大于男性；36—45 岁年龄的从业者（6.77）、10—20 年工龄的从业者（6.81）感知工作难度较大；30 岁以下的从业者（6.43）、5 年工龄以下的从业者（6.44）感知工作难度相对最小；出版社的工作难度较大（6.90）；中层领导作为出版企业的运转主力，感知的工作难度最大（6.91）。

表 1-31　工作难度均值分布

分类标准	具体类别	均值	分类标准	具体类别	均值
总体		6.61		出版社	6.90
性别	男	6.45	单位性质	报刊社	6.49
	女	6.69		书店（发行）公司	5.35
年龄	30 岁以下	6.43		文化（技术）公司	6.22
	30—35 岁	6.60	职位	普通员工	6.52
	36—45 岁	6.77		中层领导	6.91
	46—59 岁	6.55		高层领导	6.23
	60 岁及以上	6.48		行政管理	6.74
工龄	5 年以下	6.44	岗位	内容编校	6.59
	5—9 年	6.66		营销发行	7.02

续表

分类标准	具体类别	均值	分类标准	具体类别	均值
工龄	10—20 年	6.81	岗位	技术服务	6.41
	21—34 年	6.54		广告运营	6.12
	35 年及以上	5.38		其他	6.66

与第二次调查相比，所有岗位工作难度均有增加，特别是营销发行岗位、行政管理岗位的工作难度分值分别为 7.02、6.74，均高于总体平均值。其中营销发行岗位工作难度分值增加明显，升至第一，如图 1-22 所示。可见传统出版营销创新已经成为行业迫在眉睫的挑战。

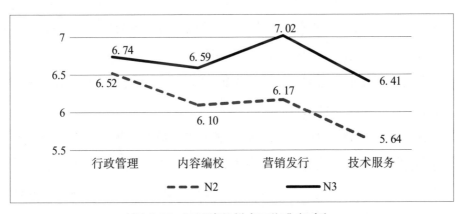

图 1-22　不同岗位样本工作难度对比

从工作时间看，本次调查的考勤满意度均分值为 6.41，属于比较满意，略高于第二次调查（6.12）。对于当前的考勤制度，超过六成出版人（61.66%）认为相对宽松自由，这与第二次调查（61.62%）结果保持一致。本次调查中的加班情况明显高于第二次调查（84.43%），大多数出版人每周加班时间在 4 小时内，如图 1-23 所示。

此外，行政管理和内容编校岗位加班频繁，大部分人每周加班 5 个小时以上，每周加班 20 个小时以上的人数也较多。营销发行和技术服务岗位的加班时间较短，40% 左右的人每周加班 5 个小时以内。

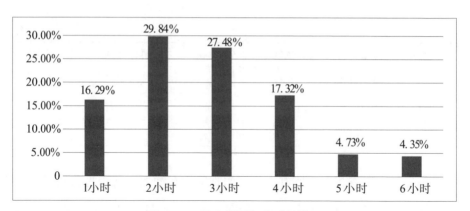

图 1-23　样本每周加班时长情况

（2）薪酬福利

本次调查显示，出版人平均税后年度总收入为 124 394.91 元，中位数为 98 000 元。总收入主要包含月工资、奖金、节日现金福利、公积金等。平均税后月收入为 8178.99 元，平均年终奖税后收入为 26 247.04 元，其中，年终奖为 0 的样本共有 412 个，占比 26.33%。不同群体的出版人存在明显的收入差距，如表 1-32 所示。

同前两次调查一样，华北地区依然是收入最高的地区，东北地区收入最低。华东地区年终奖占比最高（22.05%），华南地区年终奖占比最低（17.63%）。税后总收入、月收入、年终奖均与职位级别、从业年限、职称级别成正比，职位级别越高、工龄越长，收入水平越高；出版社更加注重年终绩效的考核，年终奖占比最高（27.68%），远高于其他性质的单位；行政管理岗位平均税后总收入、月收入、年终奖与收入水平最高，与样本中行政管理岗位以中高层领导为主有关；男性平均总收入均比女性更有优势。

表 1-32　样本收入情况分布（单位：元）

分类标准	具体类别	平均税后总收入	平均月收入	平均年终奖	年终奖占比
总体		124 394.91	8 187.99	26 247.04	21.10%
地区	华北地区	141 284.19	9 225.02	30 583.97	21.65%
	华东地区	128 661.09	8 357.45	28 371.69	22.05%

分类标准	具体类别	平均税后总收入	平均月收入	平均年终奖	年终奖占比
地区	华南地区	112 752.49	7 739.81	19 874.82	17.63%
	西南地区	107 556.42	7 065.94	22 765.09	21.17%
	华中地区	103 409.55	6 840.47	21 323.97	20.62%
	西北地区	101 410.41	6 704.30	20 958.82	20.67%
	东北地区	101 209.92	6 893.65	18 486.15	18.27%
单位性质	书店（发行）公司	154 214.86	11 457.19	16 728.57	10.85%
	出版社	134 838.21	8 126.26	37 323.15	27.68%
	报刊社	117 819.16	8 241.16	18 925.19	16.06%
	文化（技术）公司	107 119.12	8 008.56	11 016.42	10.28%
性别	男	140 778.27	9 112.09	31 433.16	22.33%
	女	116 716.21	7 741.65	23 816.36	20.41%
职位	普通员工	104 742.13	7 121.65	19 282.28	18.41%
	中层领导	150 748.50	9 551.23	36 133.73	23.97%
	高层领导	220 394.60	13 569.21	57 564.09	26.12%
工龄	5 年以下	94 403.47	6 646.91	14 640.60	15.51%
	5—9 年	112 822.44	7 627.13	21 296.88	18.88%
	10—20 年	137 556.98	8 729.54	32 802.55	23.85%
	21—34 年	159 642.06	10 173.60	37 558.80	23.53%
	35 年及以上	197 992.50	11 968.13	54 375.00	27.46%
职称	无	95 486.30	7 058.96	10 778.72	11.29%
	初级职称	96 589.21	7 311.37	8 852.82	9.17%
	中级职称	118 918.39	7 711.40	26 384.67	22.19%
	副高职称	149 777.95	9 322.12	38 931.42	25.99%
	正高职称	193 891.45	11 773.80	52 607.90	27.13%
岗位	行政管理	178 974.25	10 912.66	48 022.33	26.83%
	内容编校	116 930.33	7 781.14	23 556.60	20.15%

续表

分类标准	具体类别	平均税后总收入	平均月收入	平均年终奖	年终奖占比
岗位	营销发行	135 238.20	8 537.00	32 794.20	24.25%
	技术服务	138 291.84	9 403.28	25 452.49	18.40%
	广告运营	80 718.67	5 421.00	15 666.67	19.41%
	其他	122 306.94	8 254.04	23 258.46	19.02%

如图 1-24 所示，分析三次调查样本的平均月收入可以看出，第一次调查峰值在 3001—5000 元，占比 36.92%；第二次、第三次调查峰值移动到 5001—8000 元，占比分别为 36.79%、42.62%。从三次调查平均月收入的模拟曲线看，第二次调查较第一次调查曲线向右平移明显，第三次调查较第二次调查曲线的峰值有所增加，可以看出出版从业者月收入整体上明显提升。同时，随着出版业进一步优化发展，从业者平均收入区间有相对集中的趋势。

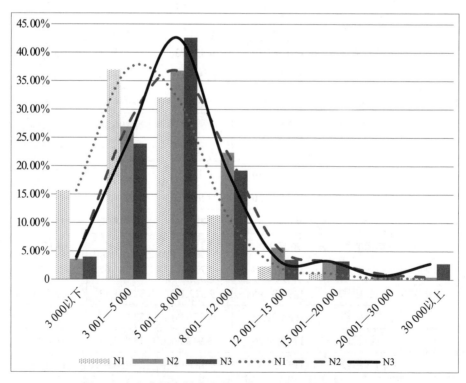

图 1-24　三次调查样本平均月收入分布比较（单位：元）

除薪资外，出版企业为员工提供的福利主要涵盖员工关怀、健康保障、生活便利等方面。本次调查显示，体检是出版人享有最多的福利，占比76%；节日礼金、带薪休假其次，占比五成多；生日慰问金第三，占比四成多；企业年金、补充医疗第四，占比三成多。企业年金、补充医疗是补充性社会保障项目，近年来国家积极倡导有条件的企业进一步提升员工保障，从调查数据看，仅有三成多的出版人享有此项福利，有待进一步提高。与前两次调查相比，体检、节日礼金仍然是出版人享有最多的福利。

本次调查显示，出版人平均税后总收入有所提升，大多数出版人（61.85%）表示薪酬福利基本稳定或者小幅增长、但也有两成多的出版人（24.66%）表示薪酬福利有小幅减少，并预估会进一步下降。出版人对薪酬福利的满意度为5.49，高于前两次调查（N1=4.9，N2=4.8）的满意度。体检、节日礼金等福利与前两次数据基本保持一致。由此看出，出版从业者总体收入及福利没有明显变化，保持了基本稳定。

（3）职业成长

如图1-25所示，在职业的满意度调查中，52.88%的出版人表示喜欢现在的职业；49.49%的出版人认为现在从事的职业是一个理想的、值得终身追求的职业；45.40%的出版人认为现在的职业很理想，不愿意放弃；40.74%的出版人对自己在职业生涯中取得的成就感到满意。部分出版人对自己的职业成就感到不太满意，9.39%的出版人非常同意"如果让我重新选择，我不会从事现在的职业"，7.15%的出版人认为"我对现在的职业感到不满意，它没有我原来想象的那么好"。

在"是否有跳槽的打算"的调查中，44.79%的出版人计划在目前所在单位长期发展，35.00%的出版人基本上没有想过离开目前所在单位，14.11%的出版人跳槽意愿较为强烈，有离开目前所在单位的打算。与第一次调查（59.00%）、第二次调查（44.97%）相比，第三次调查显示，大部分出版人对跳槽的态度较为谨慎，没有强烈的跳槽意愿。

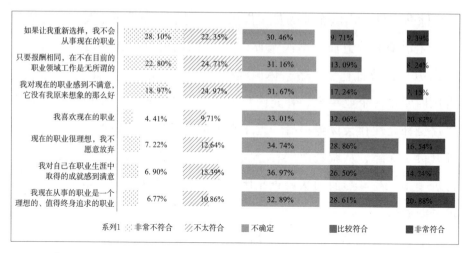

图 1-25　职业满意度分布

被问及什么时候"最有职业荣誉感",23.44% 的出版人认为是成为单位和行业公认的专家,这个选项的占比排在第一位,说明专业能力和声誉的认可对出版工作者来说影响最大。21.07% 的出版人认为是得到知名作者和合作者的认可,19.35% 的出版人认为在产品或项目畅销市场的时候最有职业荣誉感。与第二次调查相比,成为单位和行业公认的专家占比略有下降(N2=29.23%),得到知名作者和合作者的认可占比则有所提升(N2=18%)。

本次调查显示,40.04% 的出版人认为"职业迷茫,能力没有长进"的时候最有职业挫败感,这表明当出版人个体如果没有自我提升、对职业发展感到不确定和迷茫困惑时,会感受到较大的压力和挫败感,也会对自己的能力失去信心。而因产品或项目质量不合格受到处罚(21.46%)、产品或项目没有市场(15.33%)作为工作成果也极大地影响职业信心,这也会转化为对出版人的一种压力。另外,其他因素如业绩不达标奖金受到削减(6.64%)、被作者和合作者投诉(3.64%)、降职或调岗(4.85%)的影响相对较小,但仍然是一部分受访者所关注的问题。以上内容与第二次调查基本一致。

与前两次调查结果相同,本次调查中 54.02% 的出版人认为综合能力是影响职业发展的主要因素(N1=66.00%,N2=66.41%),其次是工作业绩和与直接上级的关系。这也说明全面素质和能力水平对职业发展影响最大。此外，在工作岗位上取得的实际成绩、建立良好的同事关系也是影响职场发展的重要因素。三次调查表明影响职业发展的其他因素呈现出一些变化，也从侧面反映了随着市场竞争加剧，个人能力及工作成果对出版人的职业发展越来越重要，如表 1-33 所示。

表 1-33　三次调查影响职业发展重要因素

类别	N1	N2	N3
综合能力	66.00%	66.41%	54.02%
工作业绩	—	47.98%	37.10%
和直接上级的关系	32.00%	25.82%	29.18%
特长专业	—	36.70%	25.61%
经济效益	30.00%	—	—
个人性格	—	—	23.37%
机缘运气	—	18.89%	16.99%
特殊背景	21.00%	15.62%	16.16%
学历	26.00%	16.07%	13.98%
工龄	36.00%	14.47%	13.09%
群众基础	9.00%	6.16%	6.64%
社会效益	8.00%	—	—

职业培训是职业成长的重要手段和途径，政府相关部门、行业协会、出版机构近年来对职业培训也越来越重视。本次调查显示，近七成的出版人希望进一步提高核心业务能力，包括编校业务知识（68.56%）、选题策划能力（68.24%）、行业规范解读（54.79%）、新媒体与直播技术（51.34%）、版权知识（51.02%）、宏观政策解读（41.60%）等。与第二次调查相比，出版人对行业规范解读、版权知识、宏观政策解读、课题项目申报指导等培训内容的需求增幅较为显著。这也反映出，随着出版产业的快速发展和变革、数字化转型的加速，出版单位正在积极顺应新技术、新市场和新业态

的发展。出版人不仅要深入理解行业规范和正确解读政策，还要提升版权使用和保护意识。此外，随着主题出版的深化和出版单位社会效益考评的持续推进，出版人对项目申报工作的重视程度也在不断提升。

从目前出版专业技术人员继续教育培训的效果来看，满意度集中在中间值，选择 5—7 分的占 43.78%。不满意的比例较低，选择 1—3 分的占 10.09%。这说明，当前出版专业继续教育培训仍需加强培训设计和实施，可根据从业者的实际需求优化培训内容，使内容更贴近实际工作需求。

在关于出版职业发展中性别优势的调查中，31.88% 的出版人认为男性和女性在出版职业发展中并没有明显的优势差异。认为男性更有优势与认为女性更有优势的比例十分接近，分别为 23.19% 和 22.49%。

（4）职场压力

调查结果显示，51.57% 的出版人对于目前职业现状的工作情绪积极乐观，41.47% 的出版人疲倦消沉。出版人对出版职业现状的自我评分均值为 6.0，与第一次调查（5.71）相比，出版人对目前出版职业现状的满意度略有提高。本次调查显示，出版人压力评分均值评分为 6.84，与前两次调查（N1=6.34，N2=6.59）相比，职场压力略有提高。

不同群体的工作压力存在差异。表 1-34 中数据显示，出版社的工作压力（7.10）仍然是最大的，其次是文化（技术）公司（6.71）、报刊社（6.46）。与第二次调查相比，出版社（6.82）、报刊社（6.29）的工作压力均有所增加，各工龄段的工作压力均有所增加，其中 5—9 年工龄的出版人工作压力增幅最大。女性的工作压力（6.91）大于男性（6.70）。

表 1-34　不同出版人群体工作压力均值分布

分类标准	具体类别	均值	分类标准	具体类别	均值
总体	6.84			出版社	7.10
性别	男	6.70	单位性质	报刊社	6.46
	女	6.91		书店（发行）公司	6.14

续表

分类标准	具体类别	均值	分类标准	具体类别	均值
工龄	5年以下	6.62	单位性质	文化（技术）公司	6.71
	5—9年	6.94	岗位	行政管理	6.72
	10—20年	7.09		内容编校	6.79
	21—34年	6.65		营销发行	7.35
	35年及以上	5.76		技术服务	6.72
职称	无	6.66		广告运营	5.63
	初级职称	6.78		其他	6.47
	中级职称	6.96	职位	普通员工	6.79
	副高职称	7.04		中层领导	7.09
	正高职称	6.26		高层领导	6.34

从岗位看，营销发行的工作压力最大（7.35），内容编校其次（6.79）。与第二次调查相比，内容编校、营销发行、技术服务的压力均有增大，其中营销发行的工作压力增加最为明显。

从职位看，中层领导的工作压力（7.09）高于总体平均值（6.84），普通员工、高层领导的工作压力分别为6.79、6.34。

从职称看，副高职称的工作压力最大（7.04），中级职称其次（6.96），正高职称（6.26）压力最小。与第二次调查相比，除正高职称外，各级职称工作压力均有增大，而正高职称工作压力却出现下降。

从调查者填写的工作压力来源词频统计看，压力来源前五位依次是：工作量、上级给的压力、业绩任务、薪酬待遇、质量检查。压力调查虽然只代表出版人的主观感受，压力来源各有不同，与第二次调查相比，质量检查超越晋升机会、企业文化等，成为压力主要来源之一。近年来随着出版业的高质量发展，国家有关部门进一步加强对出版物的质量检查力度，出版业正处于从规模发展向效益发展转型的变革期，从业者作为出版物的直接生产者和把关者，是出版物质量的直接责任人，因此压力感受是最直接和明显的。

（5）职业认同

从出版从业者对未来职业发展信心的评分看，69.7%的出版人打分高于中值5分，均分为6.32；与前两次调查（N1=5.93，N2=5.33）相比，信心评分有所提升，出版从业者对自身未来的职业发展充满期待。

本次问卷调查涉及出版从业者心目中认可和尊敬的出版人物、出版机构和出版物等具体行业榜样和品牌认可度调查。调查显示，出版人最尊敬的出版人物前三位依次是邹韬奋、张元济、叶圣陶。认可和尊敬的出版社依次是商务印书馆、中华书局、人民出版社、广西师范大学出版社、中信出版社等。对自己影响最大或者最喜欢的出版物（含期刊）调查中，出版人选择期刊的较多，《读者》《咬文嚼字》《三联生活周刊》《中国国家地理》等期刊排名靠前，而《现代汉语词典》排在第12位，《红楼梦》排在第17位。这也表明，相比于单本出版物，高质量的期刊以其连续性出版的特点可能更容易成为出版人生活和工作的信息来源。调查发现，有部分出版人针对上述问题没有提供答案，从侧面反映出出版业在树立行业榜样方面仍然有许多工作需要完善，如改进宣传方式、拓展宣传途径，不断加强对行业优秀人物和出版物的宣传介绍。

本次调查新增对单位企业文化满意度的调查，大部分出版人对单位企业文化保持基本认同，均值评分5.54。在企业文化认同度方面，主要包括：同事之间关系比较融洽（62.01%），鼓励员工积极学习进修（46.55%），工作中有获得感和成就感（39.84%），良好的办公环境和高效的支持系统（36.46%）等。期待企业改进的问题包括："躺平"现象普遍，创新动力不足（35.18%）；需要公平科学的员工晋升机制（26.82%）；官僚作风严重，晋升主要看关系（27.65%）等。

（6）其他调查结果

在对单位融合出版业务的评价中，38.91%的出版人认为融合出版业务仅有一点小的尝试，仅11.89%出版人认为成果非常明显。面对融合出版新技术，出版人的心理准备有所提升，但不知道如何下手，30.20% 的出版人已开始学习新技术，较第二次调查（36.57%）有所下降。面对融合发展的大趋势，大多数出版人还处于学习和适应的阶段，需要更多的指导和支持，以及更多的培训和实践机会。

在关于新冠疫情对出版行业产生的影响调查中，近 40% 的出版人认为新冠疫情对出版业有较大影响，较第二次调查（34.26%）的比例有所增加。认为"有短暂影响，不会改变基本趋势"的人数比例较第二次调查有所减少。

本次调查新增出版行业目前面临的最大挑战和风险的调查，出版人普遍认为创新不足是最大的挑战。高频词主要包括创新不足、改革创新、动力不足、人员流动、转型困难、竞争力等。

本次调查新增编辑出版学一级学科建设的调查，52.72% 的出版人认为文化强国需要出版学科发展，应该大力加强；15.84% 的出版人认为编辑出版是实践活动，不需要成为独立的学科；11.11% 的出版人持保守态度，认为条件还不成熟；14.24% 的出版人持中立态度，认为是不是一级学科不影响编辑出版理论研究。综合分析，大部分受访者认为文化强国需要大力加强编辑出版学一级学科的建设，但也存在一些不确定和分歧。由此可见，出版学科建设离不开出版实践活动的支持和参与，出版行业的发展需要更多出版从业者的宣传和认同，出版学科的生命力必须得到出版实践的检验和赋能。

（二）讨论与建议

第一，出版业需要创新与高质量发展并举。

出版业高质量发展不仅需要从规模效益向质量效益转型，更需要依靠创新驱动。调查显示，出版人的职场压力、营销发行岗位的工作难度都在进一步提升，规模效益模式难以为继，出版业转型势在必行。同时，调查中多数出版人认为创新不足是目前出版业面临的最大挑战和风险。出版业高质量发展需要创新驱动实现转型，融合新技术是关键所在。从问卷信息来看，出版业融合发展目前正在进入攻坚期，数字化产品的生产模式、盈利模式、推广路径还需要进一步清晰。尽管国家相关部门多年来大力倡导并支持融合出版项目，但大多数从业者和所在机构在融合出版领域的进展和成果并不令人乐观。调查显示，出版人有参与融合出版的积极性，48.40%的出版人有心理准备却不知道如何下手，这需要更多的指导和支持，需要更多的培训和实践机会。行业的真正转型和高质量发展必须依靠大批一线从业者的积极参与并发挥主导作用，必须形成一大批示范性、标杆性的代表性成果并产生广泛的双效益。

第二，加强继续教育培训，提高核心业务能力和应对新变化、新技术的能力。

当前社会发展非常迅速，全球意识形态领域斗争日益复杂、技术对出版的影响和渗透日益广泛、社交媒体占据受众文化大部分阅读时间，出版行业满足人民群众日益增长的美好精神生活需要的压力和挑战非常明显。党和国家对出版从业者的思想素质、专业素养和技术能力都提出了很高的要求，行业继续教育是提高出版队伍素质的根本保障。调查显示，大部分出版人也认为综合能力是影响职业发展的主要因素，希望通过继续教育培训提高核心业务能力，增强应对新变化、新技术的能力，但目前的行业培训效果及满意度仍然有进一步提高和优化的空间，特别需要在课程设计和研发上，除了加强意识形态领域的导向和责任把关外，还需要针对从业者在业务发展中面临的瓶颈问题进行有针对性的培训设计。除了政府相关部门组织的编辑继续教育培训，还要对营销、技术等其他关键岗位的从业者开展培训。要积极发挥行业协会和大型优秀出版组织的积极性，开展多样化的培训活动，实现从教室到市场、从载体到渠道、从版权到技术等全方位的职业提升。此外，调查显示部分出版人缺乏职业榜样的激励，也可增加多样化、生动化的榜样案例的内容宣传。

第三，进一步调动和提振出版人信心，营造良好的出版从业环境。

出版行业是社会文化和经济生活综合反映的风向标，担负着建设文化强国和推动中华民族伟大复兴的时代使命。特别是在当前百年未有之大变局时代，出版业践行习近平新时代中国特色社会主义思想必须在行业内形成忠诚担当、积极奋发、创新有为的从业环境，才能推动中华文化实现创造性转化、创新性发展，为读者讲好中国故事、传播中国声音。对于问卷最后一题，"请您用一句话描述您对当前出版行业的看法"，回答显示由于出版业市场竞争加剧，行业面临转型发展的挑战愈加严峻以及近几年纸书复苏较为缓慢等多种因素影响，传统出版从业者感受压力较大，部分出版人对行业未来发展信心不足。同时新技术快速迭代、自媒体崛起、出版市场供过于求，一方面促使行业吸纳新人的意愿减弱，另一方面入职出版行业的新人也呈现减少趋势。2023 年末，《出版人》杂志向 100 位出版企业高管发起行业信心指数调查，其中 6% 的出版企业高管计划在 2024 年通过降低企业经营成本、减少固定支出等方式压缩业务，多数出版企业高管表示2024 年不会扩张员工人数。同样对于出版行业，提振信心不仅来自宏观层面经济环境的回暖复苏、企业内部的业务创新调整，更需要来自主管部门出台强有力的向好政策，为出版业发展提供更能激发活力的支持保障政策。

总之，当前对出版人职业状态的研究尚属起步阶段，具备权威性、普遍性、系统性的调研成果非常少，完善的行业从业者职业状态调查和研究应该建立在相对科学和全面的样本数据基础之上。因目前缺乏相关权威系统的样本采集平台，尽管本研究参与调查取样渠道覆盖对象比较精准，但囿于问卷采集平台的局限性，样本采集分布不均衡，主要表现为出版社样本数量较多，报刊社、民营公司样本较少；内容编校岗位样本数量最多，其他岗位样本数量较少；中青年出版人偏多，老年出版人偏少。这些问题客观上影响了对整个行业从业者从业状态的分析。我们期待能够引起更多相关研究者的关注，逐步形成对出版行业整体从业者从业状态科学客观、权威可信的研究分析。

（本文发表在《科技与出版》2024 年第 3 期，执笔人：邢自兴、赵玉山、杨育芬）

第二章　出版人职业现状调查专题报告

调研团队结合 3 次出版人职业现状调查的结果，围绕人才培养、职业压力、性别、继续教育等方面，展开了深入的分析研究，形成 6 篇专项研究成果：《新中国成立 70 年来人才队伍培养及成就》《编辑职业压力：现状、来源与调适建议》《出版从业者职业压力影响因素及干预策略》《我国出版业从业者职业认可度提升策略实证分析》《性别差异对以编辑为主体的出版从业者状态的影响》《新形势下我国编辑继续教育现状的调研分析》。这 6 篇研究成果，从不同角度深入探讨了我国出版人的职业现状，旨在为我国出版业的发展提供理论支持和实践指导。

一、出版人职业压力调查报告

（一）研究背景

职业压力是指从业者在职业环境中，面对职业需求与自身知觉不平衡、工作能力不匹配时出现的身心压力状态。职业压力是一把双刃剑，一方面可以调动从业者的工作积极性，提升工作效能，另一方面也会对从业者身心健康、生存状态以及组织绩效和人员稳定等产生消极影响。长期压力会导致比较严重的健康问题，首先会在情绪方面产生无力、焦虑、沮丧和忧郁等问题，严重的会产生职业倦怠，并引发更多的心理问题，进而会对人的身体健康产生影响。若以上情况长期得不到缓解，还容易引发其他器质性病变。

出版职业压力是指与出版工作有关的内部与外部因素所导致的出版从

业者个体一系列心理和生理失衡反应。从目前的研究成果来看，出版行业的职业压力尚未引起从业者和研究人员足够的关注，与教师、医生等其他行业从业者相比，研究成果数量偏少，与其重要的地位并不匹配。

在"中国知网"检索相关研究论文，从研究对象来看，着眼于一般意义上的"编辑"职业压力研究的，有张菁在《编辑职场压力及应对》指出，编辑职场压力主要来源于工作负荷压力、职位升迁压力、知识更新压力、人际关系压力和环境变化压力几个方面；李逢超在《关于中国编辑职业压力源的研究》指出，我国编辑职业压力源主要有社会、组织、个体等因素，这些方面的因素相互联系，共同对编辑产生作用；郑月林在《图书编辑职业倦怠成因分析及解决对策》中对图书编辑职业倦怠现象予以关注，提出出版单位应加强对编辑的培养，建立科学合理的绩效考核体系，丰富编辑成长路径。陆高峰的专著《中国出版人从业生态研究》分别对中国出版人整体、图书出版人、编外出版从业者的压力状况进行了调研，发现八成从业者认为当前出版工作竞争程度很高，近一半的从业者认为自己每天的工作强度很大或较大，超过一半的从业者觉得工作的压力很大或较大。此外，更多论文关注"高校学报编辑""科技期刊编辑""青年编辑""女性编辑"等群体的职业压力。

从研究方法来看，以往研究大多基于经验分析，缺乏比较客观和量化的指标对出版行业的职业压力来源进行归纳和总结。霍振响和屈李纯的一项研究就曾指出，"从研究方法而言，77篇文献中仅有6篇采用了定量研究的方法，仅占7.79%"，而且"经验描述类文献同质化严重，且个别文献存在学术不端问题"。因此，本文主要采用多元线性回归分析的方法试图对出版职业压力影响因素做出比较全面的量化分析，考察影响出版从业者职业压力的主要因素。

（二）研究方法

1. 样本选取

本文所选取的样本来自北京师范大学出版科学研究院发起的"出版人

职业生存现状调查（2019—2020 年度）"项目数据。该调查通过"木铎书声"等以出版从业人员为主要用户的微信平台、以网络问卷的形式发布，每两年开展一次，对出版从业者职业状态展开全面持续的关注研究。本次调查问卷包括基本情况、工作量和工作时间、薪酬福利、职业成长、职业选择、压力调查 6 个部分 54 题；样本选取从 2020 年 4 月开始至 2020 年 10 月结束，收到 3732 份有效问卷。在性别分布上，男性 1140 人，女性 2591 人，1 人未填性别。如表 2-1 所示，基本反映了目前出版从业人群的特征。

表 2-1　出版人职业生存现状调查样本基本信息（N=3732）

年龄						
25 岁以下	26—30 岁	31—35 岁	36—45 岁	46—55 岁	56—60 岁	60 岁以上
220	820	875	1243	466	87	21
学历						
初中	高中	专科	本科	硕士研究生	博士研究生	
3	7	170	1734	1676	142	
从事出版工作年限						
5 年以下	6—10 年	11—20 年	21—30 年	30 年以上		
1313	938	1094	312	75		
职称						
无	初级职称	中级职称	副高职称	正高职称		
943	321	1637	661	170		

2. 分析方法与研究变量

本研究主要采取多元线性回归分析法，这是一种考察多个自变量与一个因变量之间线性关系的统计分析方法。它通过建立多个自变量与因变量之间的线性模型，构建回归方程，从而可以比较全面系统地分析各自变量的变化对因变量变化的影响，以及自变量变化对因变量变化的相对权重，还可以借此预测自变量的变化所导致的因变量的变化程度。也就是说，该方法由多个自变量的最优组合共同预测或估计因变量，是目前社会科学中广泛使用的一种统计分析方法。

本研究去除调查问卷中不适合进行多元回归分析的多选题和与本研究无关的问题，保留有关问题 15 项，分别是文字加工量、工作量、加班时长、出差天数、月税后收入、对工作的态度、对现有考勤制度的满意度、薪资福利满意度、整体满意度、职业前景、职业规划、与直接上级的关系、与同事的关系、新冠疫情对出版行业未来影响的看法、现在的工作压力。

根据研究目的，我们将最后一个问题"现在的工作压力"作为建立回归方程的因变量，将前 14 个问题设计为建立回归方程的自变量，通过数据构建模型研究这些自变量对因变量的直接影响和效果。

3. 数据处理和统计分析

对于调查问卷中有关压力的量化指标，设定 0—10 级量表，从 0 到 10 压力逐渐增大，5 分为"一般"，0 分为极其弱，10 分为极其强。去除缺失值后，采用逐步回归法对 14 个自变量进行多元回归分析，统计软件为 SPSS。

（三）研究结果

首先，从出版从业者职业压力值分布表综合来看，样本中选择压力较大（7 分）的占比最多，为 20.5%；在样本中，认为工作压力比较弱或者感受不到工作压力（0—4 分）的仅占 11.1%；选择压力一般（5 分）的有18.7%；认为压力程度为较大或者很大（5 分以上）的样本占比 70.2%。从图 2-1 中可以明显看出，压力值分布重心显著偏右，也就是说，七成的样本在实际工作中感觉压力明显偏大。由此可见，出版从业者职业压力偏大是行业从业者显著、普遍的感受。

如表 2-2 所示，出版从业者样本职业压力均值为 6.56（最小值 0，最大值 10），属于中等偏上，进一步验证了上述结论。同时从压力分值的中位数、众数、标准差、四分位数指标来看，压力值数据指标比较集中，离散程度偏弱。也就是说，样本感受比较集中，差异不太显著。

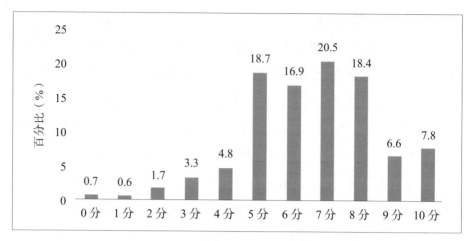

图 2-1　出版从业者职业压力值分布

表 2-2　出版职业压力描述性统计表（N=3732）

项目	平均值	中位数	众数	标准差	上四分位数	下四分位数
分值	6.56	7	7	1.953	5	8

其次，采用逐步回归法对 14 个自变量进行多元回归分析，发现职业压力对 8 个自变量（纳入模型的顺序依次为 X_1—X_8：工作量、加班时长、与同事的关系、薪资福利满意度、对工作的态度、文字加工量、出差天数和新冠疫情对出版行业未来影响的看法）的线性关系显著（F（8，3731）=282.51，p<0.001），调整后 R^2=0.376。R^2 一般是用来衡量回归模型拟合优度的指标，数值越大则拟合程度越好。也就是说，原有的 14 个自变量中有 8 个自变量的回归系数 B（即该自变量对因变量的影响）是显著的，它们和因变量之间产生明显关联，这些自变量的组合可以解释因变量 37.6% 的变化。按照一般社会科学的标准，属于解释力比较高的模型。

同时，所有纳入回归模型的 8 个自变量的回归系数均显著，回归方程为 Y=2.62+0.367X_1+0.424X_2+0.113X_3+0.065X_4−0.173X_5+0.057X_6+0.044X_7+0.055X_8。8 个自变量的容忍度都比较高，接近于 1，因此不存在多重共线性的问题。这说明各自变量之间没有高度的相关关系，彼此之间没有关联，因此数据质量满足进行多元线性回归分析的要求，如表 2-3 所示。

表 2-3　最终纳入回归模型的 8 个自变量的统计量

自变量	R^2	调整后 R^2	R^2 变化量	B	β	t	p	容忍度
X_1 工作量	0.288	0.288	0.288	0.367	0.423	30.289	0.001	0.856
X_2 加班时长	0.360	0.359	0.072	0.424	0.270	19.359	0.001	0.861
X_3 与同事的关系	0.369	0.368	0.009	0.113	0.094	7.082	0.001	0.948
X_4 薪资福利满意度	0.372	0.371	0.003	0.065	0.071	5.047	0.001	0.844
X_5 对工作的态度	0.374	0.373	0.003	−0.173	−0.058	−4.018	0.001	0.815
X_6 文字加工量	0.376	0.375	0.002	0.057	0.045	3.409	0.001	0.944
X_7 出差天数	0.377	0.376	0.001	0.044	0.034	2.547	0.011	0.942
X_8 新冠疫情对出版行业未来影响的看法	0.378	0.376	0.001	0.055	0.027	2.089	0.037	0.989

其余 6 个自变量则由于回归系数 B 不显著被剔除，包括：月税后收入、对现有考勤制度的满意度、整体满意度、职业前景、职业规划、与直接上级的关系。也就是说，这些因素和出版从业者职业压力没有明显、直接的关联。

（四）讨论发现

本研究试图考察出版业从业者的职业压力状况，分析其不同影响因素的贡献大小，以期寻找到对出版职业压力影响的相关因素。

从结果来看，工作量 X_1 和加班时长 X_2 是对职业压力影响最显著的因素，其他因素（X_3—X_8）依次是与同事的关系、薪资福利满意度、对工作的态度、文字加工量、出差天数和新冠疫情对出版行业未来影响的看法。

与预期的结果基本一致的是，工作量（X_1）和加班时长（X_2）是预测出版从业者职业压力的主要因素，单一工作量因素在模型中对职业压力的解释达到 28.8%（调整后 $R^2=0.288$）；而加入加班时长以后，两个因素对职业压力的解释达到 35.9%（调整后 $R^2=0.359$），超过三分之一。这一结果表明，较大的工作量和较长的加班时间是造成出版行业从业者职业压力的主要因素。出版业不同的岗位有不同的工作量考核指标，如文字编辑主要考核文字加工量，策划编辑主要考核项目效益比，营销人员主要考核销售实洋，行政人员主要考核任务完成质量和完成效率等，不同的岗位有不同的指标。但从实际来看，近些年传统出版业面临的压力不断加大，国家对书号的审批管理逐年趋严缩减，在减少低质量重复出版的同时，出版从业者必须面对提高单品效益的压力。压力传递到不同的岗位，要求每个环节的从业者成为"多面手"，组稿、做活动、开直播、搞宣传，被"赶鸭子上架"的出版人忙着掌握新技能，无形中加大了日常工作量。同时，从出版管理部门来看，近几年要求把关出版内容意识形态、重大选题备案、审校和质检制度严格落实等措施，均对出版从业者提出了新的要求。工作难度加大、工作环节增多、工作要求提高，这些都直接体现在工作量上。这些因素叠加在一起，必然会延长加班时间，从而导致职业压力增大。

然而，以往研究者认为的组织（工作单位）因素、薪酬收入和工作特点等因素并没有获得预期的较大影响，比如与同事的关系（X_3）、文字加工量（X_6）、出差天数（X_7）等，其回归系数虽然显著，但均未超过 0.2（见表 2-3 中 B 数据）。换言之，这些自变量对工作压力的预测虽然有作用，但影响较小，这些因素每变化一个单位，其因变量压力感受值的变化值都不超过 0.2。而且它们能够解释的因变量变化均没有超过 0.01（见表 2-3 中 R^2 变化量数据），说明对因变量的解释力有限。这可能是由出版行业特殊性决定的，相对于其他行业，出版从业者的工作环境简单，任务目标指向明确，工作任务相对独立，工作独立自主性较强，同时大部分从业者出差时间也较少。这些特殊性质决定了上述因素对从业压力的影响有限。

对现有考勤制度的满意度、与直接上级的关系、整体满意度、职业前景、职业规划等组织和个人层面的因素在建模过程中由于对职业压力的影响不显著而被排除。有意思的是，虽然税后月收入这一因素被排除，但是薪资福利满意度（X_4）被保留下来——尽管这一因素对职业压力的影响较小，仅带来 0.003 的 R^2 变化量，即对职业压力有 0.3% 的贡献。而且它与职业压力的共变方向是相同的，意味着薪资福利满意度每变化一个单位，就会带来职业压力 0.065 数值的增加（偏回归系数 $B=0.065$）。也就是薪资福利满意度越高的人，职业压力越大。造成这一结果的原因可能是，薪资福利满意度较高的样本可能在单位组织内拥有较高的职称或职位，他们不仅承担更多的专业任务，可能是单位的业务骨干、项目总监、丛书策划、营销负责人，也有可能在管理岗位上担任重要工作，而且面临业务转型的压力和团队建设、组织管理等工作，即权责同时增加。

本次模型中唯一一个负向影响的因素是个体对工作的态度（X_5），即个体对工作的认可和喜欢程度。研究发现，个体对工作越是认可和喜欢，职业压力就越小。这意味着，如果能够采取有效的措施提高个体对工作的认可度，就可能会减缓个体的职业压力。当然，不排除在工作量和职业压力的关系中，工作态度存在着中介或者调节效应的可能性。这需要在未来研究中进一步检验。

除此之外，由于本次调查的数据是在新冠疫情之下开展的，因此问卷特别设置了"新冠疫情对出版行业未来影响的看法（X_8）"这一问题。调查结果发现，出版从业者认为对新冠疫情给职业压力带来的冲击虽然有，但是并不大，在所有显著的因素中排在最后，对职业压力的贡献仅有 0.1%。这反映了出版行业对新冠疫情造成的短期影响持较为乐观的态度，认为新冠疫情对行业未来发展的影响有限，尚未对从业者造成精神方面的明显影响。

本次研究对当前出版从业者职业压力的影响因素做出初步的量化探讨，获得了一些有意义的发现。但限于量表编制水平和所考察范围涵盖面的约束，本次研究依旧有一些不足。受样本采集渠道的影响，样本群体分布不均衡，表现为出版社样本数量较多，报刊社、民营图书公司样本较少；内容编校岗位数量最多，其他岗位样本数量较少；中青年出版人偏多，老年出版人偏少等。客观上影响了对出版业整体从业者职业压力的分析。同时，在考虑职业压力的影响因素时没有纳入社会支持、个体性格、应对方式等组织和个体干预策略及对抗措施方面的因素，也没有进一步考察可能的干预策略带来的积极效果，这都需要在未来的研究中进一步完善。但不管怎样，本次研究依旧是对出版行业从业者职业压力方面有价值的探索。

（五）研究建议

当前，出版行业正处在前所未有的转型期，由传统出版向融合创新转型，由规模扩张向效益提升转型，由生产导向向服务导向转型。转型必然带来变革和重构，行业和机构所面临的竞争压力和风险挑战，最终都会传导至一线从业者身上。耶基斯–多德森定律比较系统地阐明了压力和绩效之间的关系，即二者存在倒 U 形关系。若工作任务相对简单，则给予一定的压力，更容易督促人们实现最佳业绩；若工作任务的难度系数相对适中，则保持一种适中的压力有利于任务的完成；若工作任务比较复杂，则人们在压力较低、氛围比较轻松的环境下，更容易完成任务。如果出版人职业压力得不到应有的重视，不仅会带来组织绩效低下和人才流失，也会直接影响出版行业的高质量转型发展。

综合当前影响出版从业者职业压力的因素，工作量和加班时长是出版从业者职业压力的主要来源，而个体对工作的认可和喜欢则会缓解职业压力。同时，薪资福利满意度、单位同事关系、出差天数等因素对职业压力存在不同的影响关系。针对研究结果，笔者建议采取具有针对性的干预策略。

首先，从工作量角度来看，出版从业者感受到工作量造成的压力主要因为当前出版工作的复杂程度和要求均有所提高。出版管理部门应加强调研，认真贯彻落实党和国家关于出版企业社会效益优先、建设文化强国的战略，将出版企业的考核从两个效益统一转变为社会效益优先的考核指标上，对出版企业的经济利润根据产业实际效益确定。从政策机制上鼓励精品力作的生产，加大对创造社会效益的奖励力度，引导出版企业提高出版质量，让出版从业者能够优先围绕党和国家文化强国战略做好出版工作。

针对行业转型及新媒体对传统出版的挑战，由于工作复杂程度的提升增加了从业者的工作压力，出版企业应加快融合发展转型的步伐，重视人才队伍的培养引进，积极开展业务能力的培训，通过提升工作技能化解工作压力。

其次，从加班时长的角度来看，由于出版工作的特殊性，出版从业者大部分工作时间自主性较强，如文字编辑可以根据自身情况决定审读加工稿件的时间，策划编辑可以选取合适时段与作者沟通联系，营销编辑可以根据自己的节奏推送宣传广告等。从调查问卷来看，出版从业者对考勤制度满意度平均分为 6.12，属于较高。由此可以看出，加班时长给出版从业者造成的压力主要来自非自主工作的时间，也就是被动工作时间延长。被动工作时间主要是从业者无法自主决定工作场景和工作时长，因此容易产生懈怠、焦虑、抵触等不良情绪，从而造成工作压力加大。出版从业者的被动工作时间主要来自一些出版企业由于制度缺失、流程不清、职责不分、企业文化建设滞后等原因造成的管理低效，内部管理无法适应外部变化而造成时间消耗。这就要求出版企业面对外部环境变化要及时、动态、科学地做出管理调整，为从业者创造高效的工作环境和制度保障。

再次，从工作态度来看，研究发现个体对工作越是认可和喜欢，职业压力就越小。出版企业要着眼于构建充满人文关怀和归属感的企业文化，多组织团建、休闲活动，适度放松，提升编辑的工作积极性和对单位的忠诚度。出版企业要根据出版行业特性，引导出版从业者合理做好职业规划，提升职业使命感，多角度增强出版从业者的职业回报，特别是职业价值认同和专业能力发展。

最后，从研究结果来看，薪酬收入这一重要因素尚未对职业压力构成明显、直接的影响。这从另一个角度说明，出版企业作为文化企业，是高学历人才聚集的行业，不同于标准化工业流水线生产，出版企业更强调精神创意和文化生产，因此从业者更关注价值关怀和自主体验。这一点从侧面提醒出版企业管理者在制度制定和管理措施上，不仅要做好物质保障，还要更多关注人才队伍精神层面的建设。

综合来看，做好出版从业者压力干预，是一个综合长期的工作，还需要行业管理部门、出版企业和协会组织及相关机构从多角度入手，形成共识，共同努力。管理部门应针对当前行业转型面临的新技术、新形势和新要求，积极开展职业继续教育培训，加强出版业务指导。行业协会针对出版职业健康问题开展关爱行动，制定出台行业指导意见，倡议出版企业开展对员工强制休息和适时运动制度的推广，为出版从业者提供有力的劳动保护。出版企业在人才引进环节可以吸收更多具有新技术和交叉领域相关专业背景、热爱出版事业的人才，从改善工作方法的角度推动产业转型升级，促进编辑出版工作方式的转型，并积极探索人工智能技术在出版领域的应用，把从业人员从繁重的工作中解放出来，从事更高层次的创意性工作，让从业人员获得更多价值感。当然，从出版从业者自身来讲，应保持良好和健康的心态，对出版业的变革和发展保持清醒的认知和判定，通过积极努力学习，不断提升自身业务素质，增强业务能力，提高工作效率，减少无效加班，积极应对工作中的挑战。

（本文发表在《出版广角》2021年第17期，执笔人：修利超、赵玉山、曹培培）

二、编辑职业压力现状、来源及建议

党的十九届五中全会明确提出，"十四五"时期要把文化建设放在全局工作的突出位置，在2035年建成文化强国。编辑工作是重要的文化生产工作，具有思想性、科学性、创造性等特征，是出版工作的中心环节。编辑是文化的传播者和引领者，担负着重大的社会责任。出版机构转企改制后，编辑队伍不仅承担着实现社会效益的重要任务，也是出版机构经济效益的主要实现者。新时代以来，党和国家对文化出版工作更加重视，读者对文化精神生活的需求和期待日益提高，市场竞争日趋激烈，编辑面临的职业压力日益凸显，因此编辑队伍职业压力的认知和调适应该引起管理部门和行业机构的充分重视。

（一）研究背景

编辑职业压力是指与编辑工作有关的内部因素与外部因素所导致的编辑个体的一系列心理和生理失衡反应。它可以提升编辑工作效率，也会对编辑的身体和心理健康、工作状态以及组织绩效和人员稳定等产生消极影响。从目前的研究成果来看，编辑的职业压力问题尚未引起从业者和研究人员足够的关注与重视，与教师、医生等其他行业相比，研究成果数量偏少。

目前中国知网收录的与"编辑职业压力"相关的研究论文，从研究对象来看，既有着眼于一般意义上的"编辑"职业压力的研究，如《关于中国编辑职业压力源的研究》，也有关注"高校学报编辑""科技期刊编辑""青年编辑""女性编辑"等部分群体的职业压力的研究，如《转型期高校科技期刊中年女性编辑的压力源调查分析》《我国高校校报编辑工作压力量表编制》《高荣誉地位科技期刊的青年编辑心理压力调查及分析——以中国百种杰出学术期刊青年编辑的视角》《高校学报编辑工作压力成因及应对方法》等。这些研究成果从研究主题的角度来看，主要涉及"压力源""压力管理""心理压力""职业倦怠"及压力的应对调适等方面。从研究关注的背景来看，"转企改制""数字环境"是重要的关注点。

上述研究成果虽然从多角度对编辑职业压力进行了剖析和研究，但对于编辑整体职业压力现状、来源和调适方式的研究不够深入细致；研究方法以定性研究为主，定量研究相对较少。

（二）研究方法

本文主要采用问卷调查法、访谈法，将定量分析和定性分析相结合，力求科学、真实地呈现调查结果。

1. 问卷调查法

本文是北京师范大学出版科学研究院"出版人职业生存现状调查（2019—2020）"项目的成果之一，所使用的问卷数据全部来自该调查。该调查问卷包括基本情况、工作量和工作时间、薪酬福利、职业成长、职业选择、压力调查 6 部分 54 题，通过"木铎书声"等以出版从业人员为主要用户的微信公众号平台渠道发布，共收到 3732 份有效问卷，其中编辑岗位的样本问卷 3049 份。研究所用的统计数据分析软件为 SPSS 25.0。

2. 访谈法

为进一步调研编辑职业压力现状和缓解途径，我们根据调查问卷反馈的相关信息设计了半结构化访谈提纲，通过编辑微信群招募和选择访谈对象。访谈对象的筛选标准有三条：编辑岗位员工、感觉工作压力比较大、愿意分享工作感受。从业地区因素在选择访谈对象时未予以考虑。访谈方式为书面访谈加电话访谈。从 2021 年 2 月 1 日到 2021 年 2 月 7 日，共计访谈 15 人。访谈人员基本信息如表 2-4 所示（按照访谈顺序排列），其中从业年限最短为 1.5 年、最长为 22 年，从业 6—10 年的占 40%。

表 2-4　访谈对象基本信息

序号	性别	从业年限	单位性质	职称	岗位职责
1	女	6	出版社	编辑	文字编辑
2	女	8	民营公司	编辑	图书编辑
3	女	10	报刊社	编辑	编辑
4	男	20	出版社	编辑	文字编辑
5	男	9	出版社	编辑	编辑部门负责人
6	女	3	民营公司	无	策划营销编辑
7	女	7	报刊社	编辑	策划、组稿、文字编辑
8	女	14	出版社	副编审	无
9	女	22	出版社	副编审	文字编辑、校对

续表

序号	性别	从业年限	单位性质	职称	岗位职责
10	女	2	民营公司	无	文字编辑、校对
11	女	13	报刊社	助理编辑	组稿加工编辑
12	女	5	出版社	编辑	策划加工、版权编辑
13	女	8	报刊社	编辑	编辑
14	女	4	出版社	无	文字编辑
15	女	1.5	出版社	无	文字编辑、印务

3. 测量指标

对于调查问卷中有关压力的量化指标，设定 0—10 级量表，从 0 到 10 压力逐渐增大，5 为"一般"，0 为"极弱"，10 为"极强"。

（三）研究发现

1. 编辑职业压力现状

数据显示，编辑样本职业压力均值为 6.56，比中值 5 高出 31.2%，属于中等偏上。在 3049 个样本中，选择压力程度为 7 的编辑人数最多，共有 624 人，占 20.5%。压力程度为 5 及以上的编辑人数累计 2711 人，占 88.9%，如图 2-2 所示。可见，近九成的样本在实际工作中感觉压力明显偏大。从压力分值的中位数（7）、众数（7）、标准差（1.953）、四分位数（上四分位数 5，下四分位数 8）指标来看，压力值数据比较集中，离散程度偏弱，说明调查样本对压力的感受差异较小。

（1）编辑性别与职业压力

编辑以女性居多，样本中女性占 72.8%。独立样本 T 检验的结果（$t=-0.325$，$p=0.745>0.05$）显示，虽然出版行业编辑性别比例悬殊，但性别之间的压力均值没有表现出显著差异，即男性编辑和女性编辑对职业压力的感知没有明显的差异。

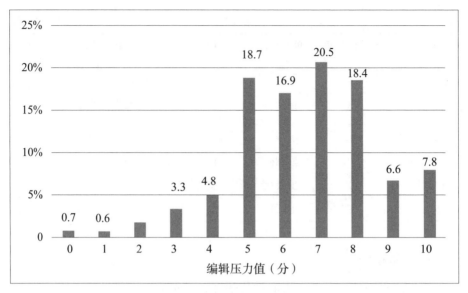

图 2-2　编辑职业压力值分布

（2）编辑年龄与职业压力

从问卷样本的年龄结构看，35 岁以下的占 54.4%，36—45 岁的占 32.7%，超过 55 岁的仅占 2.3%。其中，36—45 岁年龄段的编辑职业压力值最高。该年龄段的编辑正处在为事业奋力拼搏的年纪，上进心强烈、精力充沛，希望通过努力晋升成为管理者或业务专家，是行业和单位的主力军，加之婚恋、子女等家庭因素，成为编辑中职业压力最大的群体。超过 55 岁的编辑样本压力值最低，这一年龄段的从业者一般都面临退休，或者是退休返聘，从事质检、审稿、校对等工作居多。25 岁以下的编辑刚入门，尚处于学习和探索阶段，压力值较低，同时上进心赋予了他们更多的抗压动力。

（3）编辑职称与职业压力

编辑职称的评审由国家新闻出版署牵头开展，主要面向出版社、报刊社等机构现职岗位从事编辑工作并取得责任编辑证的人员，包括美术编辑、数字编辑、技术编辑。部分高校、部委、行业协会出版机构的编辑从业者、在转企改制之前留有"老身份"的编辑按照其所在机构的性质开展职称申报和评定。上述两种职称评审一般未涵盖民营文化机构的编辑从业者。

编辑职称分为助理编辑（无职称编辑）、编辑（中级职称编辑）、副编审和编审四个层级。从本次问卷调查样本来看，中级职称编辑占比最多，为 46.7%；其次为无职称编辑，占 24.4%。研究发现，助理编辑的职业压力最小，可能是因为助理编辑不具备责任编辑的资质，主要从事辅助性编辑工作，不用独立承担书稿责任编辑的压力，且出版单位对其工作要求相对较低。随着职称提升，职业压力逐渐增加，副编审的职业压力达到最高点。副编审在单位一般是业务骨干，除了完成自己的书稿项目，还相应地承担着大部分复审、终审的工作，有的还需要承担行政管理工作，任务多、头绪杂、担子重，必然伴随着较大的工作压力。编审职业压力低于副编审，高于中级职称编辑。

（4）编辑从业年限与职业压力

调查样本中，63.7% 的编辑从业年限在 10 年以下，从业 5 年及以下的新编辑占比将近四成。如图 2-3 所示，从压力均值来看，编辑的职业压力随着从业年限的增加呈现逐步增高然后回落的峰状分布规律。从业 5 年之内的新编辑压力较小，从业 11—20 年的编辑职业压力平均值达到峰值，为 6.93，随后开始下降，从业年限超过 30 年后，临近职场退休，压力回落到最小。从业 11—20 年的编辑正处于职业上升期，在业务上起着中流砥柱的作用，业务压力叠加行政上和职称上的晋升压力，导致这一群体压力偏大。从业年限超过 30 年的编辑职业压力最小，接近中值，这与他们深耕专业多年，工作经验丰富，职业晋升方面的任务已基本完成或定型有关。

（5）编辑单位性质与职业压力

调查显示，从编辑所在单位性质与编辑职业压力的关系来看，出版社编辑的职业压力显著大于报刊社、民营公司和其他类型的出版机构。究其原因，与国家对图书的质检标准更高不无关系。根据出版物质量管理规定相关文件，图书编校质量差错率超过万分之一即被视为不合格，而期刊、报纸的这一指标分别为万分之二和万分之三。不合格图书的责任编辑，2 年内不得晋升职称；对 1 年内造成 3 种及以上图书不合格或连续 2 年造成图书不合格的直接责任者，由省级出版管理部门注销其出版专业技术人员职业资格，3年内不得从事编辑出版工作。由此可见，出版社编辑的职业压力不可能不大。此外，图书出版体量大、流程和环节多、出版周期长，需要沟通和协调的事务纷繁复杂，在这样的条件下要保证出版进度，对编辑的业务能力和组织能力都是考验。部分报刊出版单位目前仍保留着事业编制，经营压力较小，且报刊和新媒体编辑无被注销编辑资格的"达摩克利斯之剑"，自然压力也小。

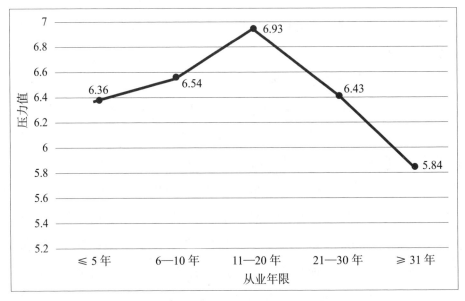

图 2-3　不同从业年限编辑职业压力均值

（6）编辑工作任务量与职业压力

出版机构一般对文字编辑考核编辑加工量，对策划编辑和营销编辑考核项目经济效益和社会效益。样本中，1713 名文字编辑有加工稿件的任务，约 1/3 的编辑（占比 29.7%）任务量分布在 200 万字到 600 万字之间，按照每本书 30 万字计算，大概是 7—20 本书稿的编校任务量。

对于编辑任务量的完成难度，62.3% 的编辑选择了 6 分及以上，28.5% 的编辑选择了 8 分及以上，如图 2-4 所示。可见，对多数编辑来说，完成每年规定的任务量是有难度的。面对难以完成的任务量，编辑产生职业压力和焦虑就在所难免。

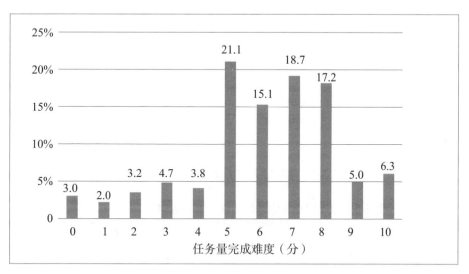

图 2-4　编辑对任务量完成难度的评价得分

随着出版机构深化改革，编辑岗位逐步细化，包括策划编辑、营销编辑、新媒体编辑等，他们的工作考核方式更多地倾向于目标考核，而非简单的数量考核。样本中有 1218 名编辑没有具体的任务量指标，占比将近 40%。

2. 编辑职业压力的来源

对调查问卷的数据进行分析，笔者从频率和平均值两个方面，分别选出排名前三的编辑职业压力来源主要因素，如图 2-5、表 2-5 所示，编制了《编辑职业压力访谈提纲》，对相关问题进行半结构化的深度访谈。从访谈的总体结果看，尽管编辑承受着不同程度的职业压力，但从业者的精神状态普遍比较积极向上，都在积极适应并做出改变。

（1）工作量和工作难度大

无论是从频率还是平均值角度，"工作量大、工作难度大"均位于压力源首位，并在数值上明显高于其他因素。可见，这是目前编辑普遍感受相对强烈的压力源。

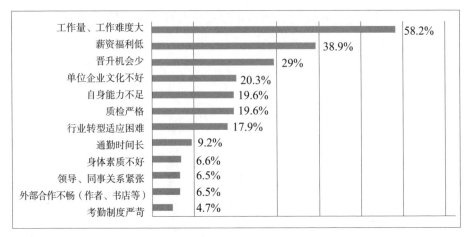

图 2-5 编辑职业压力来源（按频率排序）

表 2-5 编辑职业压力来源（按压力均值排序）(N=3049)

序号	压力来源	个案数	平均值	标准差
1	工作量、工作难度大	1776	8.28	1.647
2	质检严格	592	8.09	1.770
3	身体素质不好	202	8.02	1.738
4	与领导、同事关系紧张	199	7.70	1.888
5	单位企业文化不好	620	7.68	2.040
6	考勤制度严苛	143	7.59	2.141
7	薪资福利低	1186	7.51	2.006
8	通勤时间长	280	7.50	1.901
9	行业转型适应困难	547	7.43	1.942
10	外部合作不畅（作者、书店等）	199	7.42	1.821
11	自身能力不足	598	7.40	1.859
12	晋升机会少	885	7.22	1.960

　　如前述，60%以上的编辑都有年度工作任务量，43.8%的编辑文字任务量超过 200 万字，甚至有近 5%的编辑文字任务量超过 1000 万字。由于大部分出版物都有出版周期要求，编辑为了兼顾质量和效率，往往需要加班，这也导致编辑职业压力加大。据相关研究，82%的编辑有加班经历，55%

的编辑每天至少加班一个小时，一周加班时间超过 5 小时的编辑占 47%。同时，很多出版单位将工作量、利润和内容质量直接与薪酬绩效挂钩，更增加了编辑的职业压力。

编辑工作难度系数增大主要是因为传统出版业态受转企改制、融合出版、数字技术等多方面因素的影响，使出版企业在组织、流程、机制和技术上面临转型，但缺乏规范有效的应对举措。访谈对象 7 谈到，由于部门重组，自己独立负责整本刊物的策划、组稿、编校、编务和一些行政事务，经常感到明显的压力。访谈对象 12 表示，曾经历过部门只有她和一位主任两人承担全年 25 本书的策划、组稿、寻找译者、双语审校、排版等编辑任务的情况。此外，编辑被"赶鸭子上架"在淘宝、抖音等各类直播平台推广卖书，拍摄宣传图、制作短视频等，还有流量、转化率的考核压力。

行业人才流动加大、新人入职比例偏高，但是系统专业的培养培训体系尚未形成，是新编辑职业压力的主要成因。编辑的职责远非外行人眼里的"剪刀加糨糊""改改错别字"，而是一个门槛高、要求高的职业，不仅在知识上要求"杂且专"，还需要具备较高的综合分析判断能力和沟通协调能力，通常要经过三年以上专业训练才能胜任。但在实际工作中，可能面临入职不久就需要独当一面的职业挑战，再加上系统化业务培训针对性不强，新人入职大部分要靠自己领悟和摸索，需要独立面对很多不熟练的业务，这就增加了新编辑的惶恐与焦虑，导致其信心不足、职业压力增大。

（2）质检严格

尽管从频率上看，只有 19.4% 的编辑认为质检严格是主要压力源，但是从平均值来看，该项压力得分高达 8.09 分，位于压力源第二位。也就是说，质检严格对于相关岗位编辑的影响更强烈。国家新闻出版署近年来对出版物质量常抓不懈，出版物质量检查活动受到各出版单位的重视。很多出版单位有专职的质检部门，承担本单位日常的出版物质检工作。访谈对象 2、3、4、5、8、9、12、13、15 都表示感受到的质检压力非常明显。与报刊社编辑相比，出版社编辑的质检压力更大；相对于策划编辑、项目编辑，文稿编辑和责任编辑对质检压力的感受更明显。因为图书编校质量规定和处罚措施相对于报刊和新媒体出版物更为严格。特别是图书实行的是责任编辑负责制，根据行政管理部门制定的相关规章制度和出版单位制定的管理规定，如果质检不合格，责任编辑可能面临罚款、取消评优资格等处罚，严重时甚至可能被调离编辑岗位。

（3）薪资福利待遇低

《出版人职业生存现状调查样本报告（2017—2018 年度）》显示：98.4% 的出版人认为当前的薪酬不合理，51% 的出版人表示薪酬福利低带来较大工作压力，46% 的出版人因不满意薪酬待遇而想跳槽。从满意度调查来看，出版从业者对薪酬福利现状的满意度平均分为 4.82，低于中值 5。《出版业薪酬福利现状与影响因素调查分析》显示，2019—2020 年度出版人平均每月税后收入主要分布在 6000—10 000 元区间，年度税后收入在 7—12 万元区间。有 38.9% 的编辑认为薪资福利待遇低是工作的主要压力源，但在压力强度上，得分平均值为 7.51，居于各项压力源中间。由此可以推测，不同地区、不同机构、不同层级的从业者之间，薪酬福利待遇可能存在较大差距。

访谈对象 1、9、13 谈到，其月薪只能保证基本生活费用，给生活带来的压力较大。这样的薪资水平不能给生活带来太多改善，要想挣得多，就需要加班多看稿子，才能赚出一些额外收入。访谈对象 12 和 15 认为，图书编辑这项工作，学历与收入非常不匹配，实习期工资两三千元是常态，正式工作后收入也处于极低水平，每个月都达不到扣个税的标准。在北京等一线城市生活，压力更加明显。访谈对象 12 说："这样让我养成了十分节俭的习惯，每个月收入的大部分都用来付房租，除了吃饭，很少进行昂贵的娱乐活动或者购买奢侈衣物等。现在随着纸书成本的增长，编辑的薪水甚至都难以买太多书籍。同时，与从事其他行业的同学差距逐渐拉大，同学聚会也很少参加。"访谈对象 15 也表示和其他行业的同学比较薪资后，心里会产生不平衡感，同样的薪资，自己的工作量要比同学大很多。

　　在这种工作要求高、薪资收入低的困境中，编辑想提高收入水平、改善生存状态，兼职就成为一个绕不开的话题。访谈对象 3、4、6 都提到了兼职的问题。访谈对象 3 今年 36 岁，既要赡养老人，还要抚育子女，跳槽转岗都不容易，但每天熬夜的结果是基本工资加绩效每月实际到手 4000 元出头，因此只能压缩开支，同时找些文字方面的兼职贴补家用。兼职可以提高收入，减轻经济上的压力，但会占用编辑的部分精力和时间，考验编辑平衡主业和兼职工作的能力，间接地加大了职业压力。

　　（4）晋升机会少

　　出版业内的晋升分为职务晋升和职称晋升两条路径。本次调查显示，超过一半的编辑倾向于通过业务上的精进成为专家型人才，如图 2-6 所示。但是出版机构目前的晋升机制和制度保障还存在很多不尽如人意的地方，因此有 29% 的编辑认为晋升机会少是主要的职业压力源。该项得分平均值为 7.22，低于其他职业压力影响因素。这说明，虽然晋升机会少是编辑感受比较普遍的压力源，但影响的强度较小。

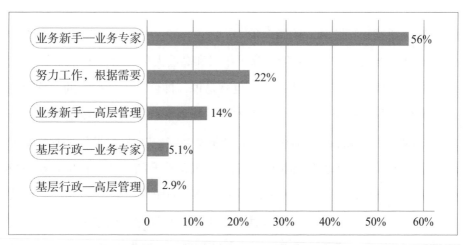

图 2-6　编辑的职业生涯规划路线选择

　　很多民营文化公司无法开展行业职称制度的评审。此次调查样本中共有 563 名民营出版公司的编辑，其中无职称者为 324 人，占民营编辑数量的 57.5%，如图 2-7 所示。与之相比，出版社无职称的编辑共 279 人，仅占出版社编辑人数 1724 人的 16.2%。虽然部分民营出版公司的编辑可以借助与国有出版单位合作的渠道通过职称考试取得编辑职称，但编审和副编审职称的晋升基本无望，这也在某种程度上导致民营出版公司编辑跳槽频繁、离职率偏高。

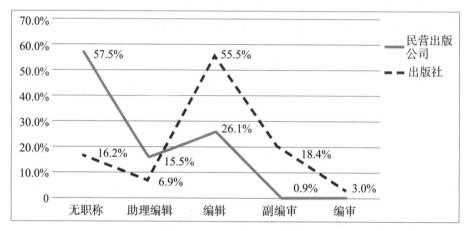

图 2-7　民营出版公司和出版社编辑职称占比分布

　　在谈到晋升问题时，访谈对象 1、3、7、12、13、14、15 均认为在本单位晋升很难或者基本不可能。除了中层和高层人员较为稳定等现实因素，还有评聘分离等体制机制性因素。也就是说，即使评上了相应的职称也无法被聘任。很多单位缺少人才培养的长远规划和制度，导致编辑无论是走管理路线还是走业务路线都缺乏相应的制度支撑，"论资排辈"的现象普遍存在。此外，晋升名额的稀缺性也阻碍了编辑晋升的步伐。特别是在高校和部委出版机构，一些编辑走的还是主管部门的职称评审"老办法"，纳入高校和部委系统进行评聘，出版社或者报刊社在这些机构中大部分属于边缘部门，高级人才名额设置少、评选条件苛刻，竞争非常激烈。访谈对象 9 已经是副编审职称，走的是专业技术职称晋升路线，在访谈中提到："对我来说，职称晋级压力还是蛮大的，不但有图书获奖和论文的要求，还有其他很多同事竞争的压力。"

（5）身体健康问题突出

受长期伏案审读书稿、用眼过度、缺乏运动等工作特点的影响，编辑的职业健康隐患比较集中。如图 2-8 所示，根据问卷，困扰编辑身体健康的常见病症如：颈椎、腰椎疾病（占 76.6%），视力下降（占 74.3%），肥胖（占 30.6%）等。这些病症已经影响到部分编辑的身心健康，给开展业务活动和编辑职业发展带来干扰，从而加重了编辑的职业压力。6.6% 的编辑将身体健康问题列为带来职业压力的重要因素，且该选项的平均值得分为8.02，强烈程度仅次于工作量、工作难度大和质检严格。但目前这些身体健康问题并未引起出版单位的重视，很少有出版单位为编辑提供相应的缓解措施。如访谈对象 14 和 15 表示单位的体检不是每年都有，访谈对象 3 认为单位的体检过于形式主义，应针对编辑容易产生的病症安排体检项目。

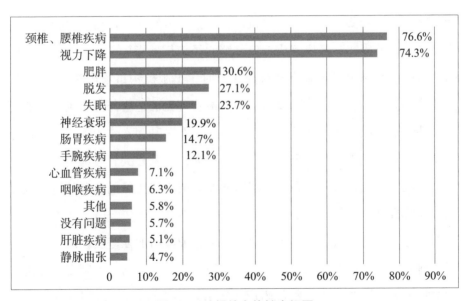

图 2-8　编辑的身体健康问题

（6）其他影响因素

企业文化不好，自身能力不足，行业转型困难，通勤时间长，与作者、书店合作不畅等都在一定程度上对编辑造成职业压力。此外还有以下问题应该引起出版企业重视。

编辑的职业压力带来了一系列心理问题。访谈对象 12 曾因工作压力过大产生轻度抑郁、厌食和厌世倾向，希望行业有健全的心理健康疏导机构或免费的心理咨询热线，可以为编辑提供有关压力排解的信息和方法。访谈对象 7、11 和 13 都表示从事编辑职业后有了强迫症的倾向，凡事都会多次仔细检查，否则不踏实。访谈对象 13 还谈到偶尔会有焦躁的情绪。

（四）讨论与建议

根据问卷调查和访谈结果，影响编辑职业压力的因素是多方面的。首先是外部环境与行业转型因素，如纸媒衰落、报纸杂志关停刊，纸质出版物销售困难，碎片化阅读对读者分流明显，出版物的发行量直线下降等。其次是技术变革因素，如新媒体发展日新月异与数字出版技术发展对编辑职业能力提出新要求。再次是政策调整因素，如转企改制后，编辑既要注重社会效益的落实，又要完成单位分解的经济任务指标，两个效益指标如何有机统一仍然是普遍存在的挑战。同时，出版机构市场化转型不彻底，企业管理低效，企业文化建设滞后，内部管理无法适应外部市场变化的要求，外部市场压力多传导至一线编辑人员。在多种因素作用下，编辑普遍感觉力不从心，焦虑感严重，职业压力过大。国家相关管理部门、行业协会和出版机构应该共同努力，为编辑从业队伍创造更好的从业环境，减轻编辑人员的职业压力。

首先，从制度层面上，建议国家出版管理部门加强基层调研，深入了解当前编辑工作状态与压力现状，调整相关质量检查与考评制度，优化质量监控体系，适当缓解一线编辑职业压力。要重视责任分解制度的建立，从作者队伍、选题机制、编校流程、出版物印前审读等各个环节进行全面指导监控。要从政策机制上鼓励精品力作的生产，加大对创造社会效益的编辑的奖励力度，指导出版单位上级主办主管部门减轻对下属出版单位的经济考核和利润上缴任务，将出版单位的工作重心转移到服务国家文化建设和高质量发展的大局上，切实指导出版单位发展模式从数量规模向质量效益转变。

其次，从行业协会的角度看，应该提高对编辑职业成长和身心健康的关爱和支持。应积极开展编辑职业继续教育的培训，构建合理的课程体系，加强对编辑新人的指导，搭建行业合作共享平台，组织不同出版机构进行业务交流，推广行业高质量发展的案例和经验。应针对编辑职业健康问题开展关爱行动，出台行业指导意见，倡议出版机构推广员工强制休息和适时运动制度，为编辑提供有力的劳动保护。也可以联合商业医疗保险机构，开展编辑职业相关病症的支持保障服务。

再次，出版机构应创设多样化的职业压力纾解渠道，建立编辑职业压力日常疏导长效机制，保障编辑的心理健康。应定期采用专业的职业压力量表进行压力测试，及早发现和识别编辑的身心异常。高度重视编辑身心健康的发展变化，积极通过领导谈话、专业心理机构讲座、网络课程、心理热线等方式给编辑提供日常减压的途径。实行"弹性工作制"，增加编辑工作的灵活性。构建充满人文关怀和归属感的企业文化，组织一些团建、休闲活动，使编辑人员获得适度放松，提升工作积极性和对单位的忠诚度。

最后，编辑自身要保持良好和健康的心态，通过积极努力学习，不断提升自身业务素质；对出版业的变革和发展要保持清醒的认知，要看到出版行业面对数字化转型大有可为的一面。无论载体和技术手段如何变化，编辑的核心素质一直没有变，那就是选择、组织、判断和提供优质的内容产品的能力。同时，要根据自身和单位的实际情况，积极通过职代会、工会组织提出合理化建议，比如加强作者队伍建设、编制质量监控手册、完善编校流程、加强选题论证等。

出版业的竞争归根结底是人才的竞争，编辑群体的职业压力状况会直接影响其创造力和积极性的发挥。从微观层面来讲，编辑对于缓解职业压力的殷殷期盼正是促成本项研究的一大动力。当然，本次调研因客观原因的限制也存在明显的不足，如访谈对象大部分为传统出版机构编辑，对新媒体编辑的压力状况了解不够，调查样本中男性比例太低。这些缺漏在以后的研究中有待完善。

（本文发表于《出版科学》2022年第6期第30卷，执笔人：曹培培、赵玉山）

三、出版人跳槽意愿及其影响因素分析报告

（一）研究背景

高质量发展是"十四五"时期我国出版业未来发展的主要战略任务，也是新时代新形势赋予出版业的新任务，人才队伍建设是出版业实现高质量发展的基础保障。文化强国建设，出版强国为先；出版强国建设，人才建设为首。《出版业"十四五"时期发展规划》对加强出版人才建设做出明确指导，提出深化出版专业技术人员职称制度改革，推进实施完善职业技能等级认定工作，支持举办全国行业职业技能大赛，畅通数字出版从业人员职业资格考试渠道，健全完善继续教育培训和职称评定的长效机制等提升出版业从业者职业认可度的有效措施。

职业认可度即职业认同，是个体逐渐从成长经验中确认的自己在职业世界中的自我概念，是个体在职业世界中的定位，反映出个人对某个职业的喜爱和从事某种职业的价值感。职业认同（Career Identity，Vocational Identity）也叫职业同一性，由Erikson提出的"同一性"概念发展而来。国外学者对职业认同作出了不同的界定。Holland强调职业认同是一种稳定的状态，是指对于个体的生涯目标、兴趣、个性和能力的清晰稳定的理解；Marcia认为职业认同是一种变动的状态，是一种通过个体产生的一种连续的、自我一致性和独特性的、内在的自我构建结构。国外关于职业认

同的研究很多，但是研究者对其概念和结构的定义仍有所分歧，在职业认同的测量方法上也不尽相同。Melgosa 编制了职业认同量表（Occupational Identity Scale），Holland 依据个体持有的目标、兴趣和能力的图式编制了"我的职业情境量表"。国内引入职业认可度这一概念后，引起了学者的广泛关注。我国学者根据不同职业的特性，针对不同职业人群探索了有效的测量工具。魏淑华等人利用理论探究和实证检验的方法得出了由职业价值观、归属感和行为倾向组成的中小学教师职业认同量表。王晨光等人采用定性和定量的方法构建了由职业特征、个体因素、外部支持、工作认可和组织环境组成的导游职业认同影响因素量表。也有学者研究了护士、学生、环卫工人等职业的职业认可度及其影响因素。

虽然关于职业认可度的研究成果丰硕，但针对出版业从业者职业认可度的研究并不多见。本文参考前人的研究成果，采用量化分析方法揭示影响出版业从业者职业认可度的因素及其重要程度，并为国家加强出版人才队伍建设、出版机构优化人力资源提供合理的参考建议。

（二）研究方法

1. 数据来源

本文使用"出版人职业生存现状调查（2019—2020 年度）"的调查整理数据。该调查由北京师范大学出版科学研究院发起，通过木铎书声微信公众号等新媒体平台发布。调查时间从 2020 年 4 月 30 日到 12 月 31 日，收到全国 34 个省级行政单位相关出版业从业者有效问卷 3732 份。答卷人员主要来自出版社、报刊社、相关文化出版公司的从业者。

根据已有文献，调查问卷中可能影响出版业从业者职业认可度的主要变量包括：岗位、一周加班时长、一年出差天数、年度总收入、工作压力、工作量、职业前景；性别、年龄、学历、工作年限；职称、考勤满意度、薪资福利满意度、职业满意度、工作态度、职业规划；与直接上级的关系、与同事的关系。主要变量覆盖了出版业从业者的职业特征、个体因素、工作认可和组织环境等因素。

　　研究的因变量为"跳槽意愿"，取自问卷第 42 题：您有跳槽（离开本单位）的打算吗？答案有 4 个选项，分别是，A：有，正在寻找机会；B：有，现在不准备实施；C：从未有过；D：现在没有，以后不知道。将 C、D 选项编码为 0，表示无跳槽意愿；将 A、B 选项编码为 1，表示有跳槽意愿。问卷中有 1678 人有跳槽意愿，占比为 45.0%，基本符合样本均衡条件。职业认可度是个人对工作的评价和所持的心理倾向，影响着一个人对工作中各种事项作出定向选择，基于此，我们认为有跳槽意愿者的职业认可度偏低。

　　研究数据中的自变量既有定类变量也有定量变量。对变量进行重新编码和赋值等操作，定类变量（性别和岗位）和有序多分类变量的描述性统计如表 2-6 所示，定量变量编码及描述性统计如表 2-7 所示。自变量中量表数据的信度较好（Cronbach α 系数 =0.718），定量变量（包含量表数据）的效度很好（KMO 值 =0.807）。为了使模型系数可比较，在建模时，我们先将以上所有自变量标准化，在回归模型中使用标准化数据。

表 2-6　定类变量和有序多分类变量的描述性统计

跳槽意愿	性别（%）	
	"1" = 男	"2" = 女
无	622（54.56）	1432（55.25）
有	518（45.44）	1160（44.75）
总计	1140	2592

跳槽意愿	年龄（%）						
	"1" = 25 岁及以下	"2" =26—30 岁	"3" =31—35 岁	"4" =36—45 岁	"5" =46—55 岁	"6" =56—60 岁	"7" =60 岁以上
无	104（47.27）	354（43.17）	460（52.57）	723（58.17）	323（69.31）	71（81.61）	19（90.48）
有	116（52.73）	466（56.83）	415（47.43）	520（41.83）	143（30.69）	16（18.39）	2（9.52）
总计	220	820	875	1 243	466	87	21

续表

跳槽意愿	学历（%）					
	"1" =初中	"2" =高中	"3" =专科	"4" =本科	"5" =硕士	"6" =博士
无	0（0.00）	1（14.29）	87（51.18）	968（55.86）	912（54.38）	86（60.56）
有	3（100.00）	6（85.71）	83（48.82）	765（44.14）	765（45.62）	56（39.44）
总计	3	7	170	1 733	1 677	142

跳槽意愿	工作年限（%）				
	"1" =5 年及以下	"2" =6—10 年	"3" =11—20 年	"4" =21—30 年	"5" =30 年以上
无	632（48.13）	496（52.88）	642（58.68）	222（71.15）	62（82.67）
有	681（51.87）	442（47.12）	452（41.32）	90（28.85）	13（17.33）
总计	1 313	938	1 094	312	75

跳槽意愿	职称（%）				
	"1" =无	"2" =初级职称	"3" =中级职称	"4" =副高级职称	"5" =高级职称
无	449（47.61）	155（48.29）	893（54.55）	426（64.45）	131（77.06）
有	494（52.39）	166（51.71）	744（45.45）	235（35.55）	39（22.94）
总计	943	321	1 637	661	170

跳槽意愿	岗位系列（%）			
	"1" =行政管理	"2" =内容编校	"3" =营销发行	"4" =技术服务
无	324（64.93）	1632（53.53）	69（55.20）	29（49.15）
有	175（35.07）	1417（46.47）	56（44.80）	30（50.85）
总计	499	3 049	125	59

表 2-7　定量变量编码及描述性统计

变量（编码）	最小值	最大值	均值	标准偏差
一周加班时长（1—6：不加班—加班 30 小时以上）	1	6	2.79	1.254
一年出差天数（1—6：不用出差—出差 30 天以上）	1	6	2.61	1.530
年度总收入（比例数）	13	104	40.89	14.95
工作量（1—11：轻松完成—很难完成）	1	11	7.15	2.272
考勤满意度（1—11：非常不满意—非常满意）	1	11	7.12	2.724
薪资福利满意度（1—11：非常不满意—非常满意）	1	11	5.80	2.162
职业前景（1—11：非常悲观—非常乐观）	1	11	6.33	1.986
职业规划（1—11：非常不清晰—非常清晰）	1	11	6.99	2.020
工作压力（1—11：非常小—非常大）	1	11	7.59	1.971
与直接上级的关系（1—11：非常不好—非常好）	1	11	7.70	1.989
与同事的关系（1—11：非常不好—非常好）	1	11	8.48	1.636
职业满意度（1—11：非常不满意—非常满意）	1	11	6.58	1.883
工作态度（1—4：非常喜欢—不喜欢）	1	4	2.20	0.657
跳槽意愿（0—1：无跳槽意愿—有跳槽意愿）	0	1	0.45	0.498

2. 研究方法

本文使用 SPSS 对影响出版业从业者职业认可度的因素进行二元 Logistic 回归分析，建立回归模型，找到对职业认可度有显著影响的因素以及重要程度。

二元 Logistic 回归是基于回归模型发展而来，针对因变量为两种结果的二分类变量，数值必须为 0 和 1。0 表示事件不发生，1 表示事件发生。自变量可以为离散变量，也可以为连续变量。二元 Logistic 回归通过建立 Logistic 回归模型来计算因变量发生的概率，并通过 Logit 变换

$$\text{Logit}(P) = \ln\frac{P}{1-P} = \beta_0 + \beta_1 X_1 + \beta_2 X_2 + \cdots + \beta_m X_m$$

将模型线性化以便解释自变量和因变量之间的关系，以及探索对因变量有显著影响的自变量。

为保证模型的准确性，我们在初选变量时，多次尝试用不同变量和不同方法进行二元 Logistic 回归模型测试，最终我们使用向前步进（似然比）、向后步进（似然比）和向前步进（有条件）三个不同的二元 Logistic 回归方法得到结果相同的模型。此外，我们对回归方程中的自变量与因变量进行相关性检验，以补充分析结果。

（三）研究发现

1. 研究模型的数据结果

模型计算出 12 个对因变量有显著影响的因素，我们用向后步进（似然比）的结果来进行说明，如表 2-8 所示。在回归模型中，霍斯默－莱梅肖检验的显著性为 0.451>0.05，模型的拟合优度较高，本次研究建立的二元 Logistic 回归模型的整体效果良好。将表 2-8 中变量对应的 B 值代入二元 Logistic 回归模型对应的 β 值，即得到出版人跳槽意愿二元 Logistic 回归模型。

表 2-8　回归方程中的自变量

变量	B	标准误差	瓦尔德	自由度	显著性	Exp（B）
性别	−0.136	0.038	13.040	1	0.000	0.873
年龄	−0.309	0.047	42.522	1	0.000	0.734
职称	−0.152	0.047	10.454	1	0.001	0.859
年度总收入	0.096	0.043	4.966	1	0.026	1.101
考勤满意度	−0.143	0.042	11.783	1	0.001	0.867
薪资福利满意度	−0.276	0.049	31.976	1	0.000	0.759
职业规划	0.126	0.046	7.468	1	0.006	1.135
工作态度	0.513	0.046	125.601	1	0.000	1.670
工作压力	0.076	0.039	3.749	1	0.053	1.079
与直接上级的关系	−0.218	0.048	20.719	1	0.000	0.804
与同事的关系	0.094	0.045	4.271	1	0.039	1.098
职业满意度	−0.305	0.056	29.152	1	0.000	0.737
常量	−0.228	0.037	38.780	1	0.000	0.796

自变量与因变量的相关性检验结果如表 2-9 所示，在控制其他因素的情况下，可以发现进入方程的 12 个变量中工作态度和工作压力 2 个变量与跳槽意愿呈正相关，其他自变量均与因变量呈负相关。

2. 进入方程中的自变量分析

根据显著性限制门槛，进入二元 Logistic 回归模型的自变量有 12 个，如表 2-8 所示。这些因素对因变量均有显著的影响。在回归分析之前，我们已将模型中的所有数据进行标准化处理，模型系数 B 的绝对值大小，可以反映自变量对因变量影响的强弱程度。据此，可以看出模型中自变量的重要程度由强到弱分别是：工作态度 > 年龄 > 职业满意度 > 薪资福利满意度 > 与直接上级的关系 > 职称 > 考勤满意度 > 性别 > 职业规划 > 年度总收入 > 与同事的关系 > 工作压力。

此外，回归模型中的自变量之间并非完全独立，因而回归模型中的系数 B 是通过综合考虑所有模型自变量的回归结果。大部分回归模型中系数 B 的正负能与相关性检验的正负一一对应，但对于少数几个重要性较低或者与其他自变量相关度较高的因素，为保证模型最优而进行了取舍，即其系数 B 的正负可能与相关性检验的正负并不完全一致。因此，自变量与因变量的正负相关性，应当优先参考表 2-9 的相关性检验结果，而自变量之间相对于因变量的影响强弱，则应参考表 2-8 的回归模型系数。

表 2-9　自变量与跳槽意愿的相关系数

自变量	相关系数	Sig.（双尾）
性别	−0.006	0.698
年龄	−0.179	0.000
职称	−0.138	0.000
年度总收入	−0.115	0.000
考勤满意度	−0.205	0.000
薪资福利满意度	−0.282	0.000
职业规划	−0.188	0.000

自变量	相关系数	Sig.（双尾）
工作态度	0.340	0.000
工作压力	0.037	0.023
与直接上级的关系	−0.205	0.000
与同事的关系	−0.105	0.000
职业满意度	−0.329	0.000

根据上述原则，我们选取了三个因素对回归模型结果进行解释举例。

（1）性别因素

性别对应的EXP（B）=0.873，即男性和女性有跳槽意愿可能性的比例是1∶0.873。即在其他条件相同的情况下，有跳槽意愿的男性概率是女性的1.15倍。

（2）职称因素

职称也与跳槽意愿呈负相关（B=−0.152），随着职称的提升，出版人的跳槽意愿减弱；每升一个级别，跳槽意愿减弱到原来的0.859（OR=EXP（B）=0.859）。

（3）工作态度因素

"您现在对这份工作的态度"（非常喜欢—不喜欢）与跳槽意愿正相关。工作态度对应的B=0.513，EXP（B）=1.67，工作态度的B值在回归方程中最大，可以理解为态度每变差一个级别，跳槽意愿增加到原来的1.67倍。

3. 未进入方程的自变量分析

未进入回归方程中的变量有：学历、工作年限、岗位、一周加班时长、一年出差天数、目前工作量感受以及职业前景。这7个变量的显著性检验系数均大于0.05，说明上述因素对出版业从业者跳槽意愿不构成显著的影响。

（四）研究结论

通过对研究数据进行二元Logistic回归建模及相关性检验，我们发现，尽管目前有近45%的出版业从业者有跳槽意愿（有，正在寻找机会占

18.3%；有，现在不准备实施占 26.65%），影响其跳槽动机的主要因素是从业者个体职业感受，包括对工作的认可和喜欢程度（工作态度、工作氛围、人际关系等）、对就业单位的评价和感受（职业满意度、薪资福利满意度）等。人们普遍认为引起跳槽的一些常规结论并没有在出版业从业者调查研究中得到有力的验证，比如加班出差、工作压力、工作量等因素对跳槽的影响。研究也发现，男性确实比女性更倾向于流动和挑战，但随着年龄增加、职称提升，人们更倾向于稳定和坚守。作为文化产业的工作者，出版业从业者似乎对"自由"更加看重，因此对考勤制度的感受也成为影响职业认可度的重要因素。

1. 工作态度和职业满意度等主观感知因素是影响职业认可度的主要因素

主观感知因素是影响职业认可度的主要因素。职业规划越清晰、与上级和同事关系越好、对职业生存状态的满意度越高、对现有考勤制度越满意、对单位薪资福利越满意，职业认可度就越高。工作压力越大、对工作的态度越差，跳槽可能性越大，职业认可度就越低，并且工作态度在所有因素中是最强影响因素。在人际关系上，与直接上级的关系比与同事的关系更能影响出版业从业者的职业认可度。

仅将考勤满意度、薪资福利满意度、对自己未来的职业规划、工作压力、与直接上级的关系、与同事的关系、对职业生存状态满意度和对工作的态度这 8 个变量放入回归方程中进行分析，模型结果依然较优。可见随着从业者基本生活水平及收入的提高，主观感知因素已经成为影响职业认可度的主要因素，其中工作态度在主观感知因素中的影响更为明显。

由此可见，出版业作为文化产业，聚集着丰富的高学历人才，主要从事创造性的脑力劳动，但基本的物质生活要求得到保障后，他们更期待自身价值被认可。企业良好的文化环境、团队和谐的合作氛围、公平科学的薪资制度、良好的职业成长平台和对未来职业的期待等，这些因素构成了员工职业感受和职业态度，成为直接决定和影响出版业从业者职业认可度的主要因素。

2. 薪资收入和工作量等客观制度因素对职业认可度具有重要影响

薪资福利制度如何影响出版业从业者的职业认可度？根据表 2-9 可以看出，薪资福利的满意度和年度总收入与跳槽意愿有明显的负相关关系。也就是说，只考虑单因素时，薪资福利的满意度越高或者年度总收入越高，跳槽意愿越低，职业认可度越高。在回归模型中综合考虑多种因素的影响时，对薪资福利满意度的回归系数为 -0.276；年度总收入这个因素对跳槽意愿的回归系数为 0.096，系数较小，且跟相关系数正负不一致，说明此变量在各种因素综合作用下对跳槽意愿的影响并不明显。对比这两个衡量薪资的指标可以发现，相比于年度总收入的绝对值，薪资福利满意度更能影响职业认可度，是更强的影响因子。我们可以这样理解，由于地区经济发展水平和行业薪资差异，人们对薪资福利的满意度并不直接取决于绝对收入的高低，而是取决于不同地区不同岗位对薪资收入的相对"满意度"。例如，同样的薪资待遇，在不同的地区、不同的单位、不同的岗位，会有不同的满意度。参考每年上市出版集团公布的高管收入情况，我们可以发现发达地区董事长年薪超过 200 万元，高管年薪 50 万元，而西部地区集团董事长年薪只有 50 万元。可见不同地区薪资收入是存在差异的，这与我国地区间经济发展与消费水平有关。这就启发我们，无论在发达地区还是欠发达地区，企业在保证持续不断改善员工收入的同时，人力资源部门要在有限的条件下为员工创设更多提升"满意度"感受的保障措施。

我们同时发现，过去人们习惯认为的对职业认可度有显著影响的一些常规性因素实际并没有对职业认可度产生直接影响，例如加班时长、出差天数、工作量等。令人意外的是，"您对现有考勤制度的满意程度"这一常常被忽视的因素，却在模型分析中表现出显著的负相关关系，也就是说，对考勤满意度高的员工，跳槽意愿低，职业认可度高。这也从侧面验证了一些管理研究者反对现代企业采取上班打卡管理制度的理论基础。

3. 不同从业者个体特征对职业认可度的影响

研究发现，出版业从业者跳槽意愿更多的是个体特征行为，而非群体特征行为。性别差异对跳槽意愿有显著的影响，相比女性，男性的跳槽意愿更高。跳槽意愿与年龄、职称呈负相关。年龄越大，跳槽的可能性越小；职位越高，出现跳槽意愿的概率越小。但是学历水平高低、工作年限长短、未来职业规划的路径是否清晰、职业规划偏重业务还是管理，这些个体差异因素对跳槽意愿无显著影响，不构成影响职业认可度的重要因素。

（五）研究建议

从业者职业认可度提升策略研究是学界和业界都关注的问题，是出版业人才队伍建设的重要一环，留住人才是任何一个行业稳定发展的重中之重。新时代出版业人才队伍建设是一项系统性工程，需要管理部门、行业协会、出版机构等相关部门通力合作，为出版业从业者提供顺应时代的、有发展前景的、有吸引力的、有竞争力的、有用武之地的职业发展环境。只有这样，出版人才队伍的建设才能形成可持续发展的机制。

1. 管理部门：统筹管理

出版业是党的思想文化工作的重要阵地，也是促进文化繁荣、建设社会主义文化强国的重要力量。"十四五"时期推动出版业实现质量更好、效益更高、竞争力更强、影响力更大的发展，要注重培养专业型、创新型、复合型人才。从本次调查的参与样本来看，出版业从业者大多数是传统的专业型人才（内容编校人员占样本的 80% 左右），创新型、复合型人才相对较少，这也暴露了我国出版业人才结构性失衡的问题。才不对需也是影响出版业从业者职业认可度的深层原因。因此，相关管理部门应在管理制度之外，统筹高校、行业协会及出版机构，合力打造高认可度的出版从业环境。首先，须从源头抓起，指导高校构建顺应时代要求的出版学科体系与学科建设，尤其注重对数字技术出版人才的培养。其次，出版业地位的提高也是对出版业从业者社会地位及贡献的认可，相关管理部门对出版业的重视与宣传，也会增加出版业从业者的行业自信。此外，管理部门应监管出版机构人才管理、职工培训、晋升机制是否完善，督促机构领导者不断优化人才管理体制，为出版业从业者提供有竞争力的福利待遇和公平的职业晋升渠道。

2. 出版机构：优化制度

（1）注重企业文化，增加情感投资

根据本研究结论，员工职业感受和职业态度直接影响出版业从业者的职业认可度。在生活方式信息化、企业管理扁平化、办公方式便捷化的无边际职业生涯时代，职工的职业发展路径更加多元化，企业想留住人才，建议管理者在关注管理机制优化、为员工提供良好的工作环境和工作待遇的同时，更应该注重职工在工作实践中的整体感知以及精神诉求，创设有温度的企业文化，更多关注员工的职业目标、职业适应度、人生观、价值观等内在需求，提高员工的认同感和归属感。此外，调动员工的工作积极性，使员工感知到自我在工作中是被需要的。这种"被需要感"也是员工和企业之间的黏合剂，这种精神驱动、感情驱动能够把员工的积极性、主动性和创造性凝聚起来，让员工享受工作的过程，对解决工作中的难题充满信心，对获得工作上的成就充满期待，提高出版业从业者的职业认可度。

（2）改革晋升制度，留住青年职工

论资排辈的现象在很多行业中长期存在，青年职工缺少职业发展平台和晋升机会，很容易在工作上受挫，降低工作满意度；加之青年员工年龄小、经验少，较为情绪化以及自我意识强烈，在工作上遇到困难或与领导同事产生摩擦，很可能萌生跳槽的想法。本次调查问卷的样本中，30岁以下的员工超过半数有跳槽意愿，工作5年内的员工有跳槽意愿的比例也超过了50%。由此可以推测，出版行业青年人才流失现象依然存在。企业的核心竞争力是人才，企业创新多依赖于青年员工。青年职工的培养对企业蓬勃发展至关重要。因此，管理者应该更加注重优化晋升管理制度，给青年职工更多自我提升的机会，让青年职工享有平等的晋升机会，增加青年员工的职业成就感，从而提高出版业从业者的职业认可度。

（3）尊重行业特性，创新工作方式

信息化时代，智慧办公已经在很多互联网企业率先实现，远程办公、线上办公也成为普遍现象。传统行业的无差别打卡模式，已经开始制约企业的快速发展。出版业作为知识密集型产业，有其独特的产业特征。无论是纸媒时代，还是信息时代，只要将知识传播给大众，都需要出版业从业者的创作、选择和编辑。这除了要求出版业从业者拥有较强的专业知识，更要求出版业从业者能够紧跟时代，对当代人的认知习惯、审美要求有精准的把握。出版工作是极具创造性的，需要更多的灵感空间。研究发现，出版业从业者作为文化产业的工作者，似乎对"自由"更加看重，故而在人才管理上，建议为员工提供弹性可调整的办公制度，更多关注员工的有效产出。管理者可结合城市生活现状，在兼顾工作效益的情况下，跟随时代发展，考虑办公多元化、灵活化，激发员工的工作热情，提高单位时间工作效率。同时要优化管理机制，减少无效工作任务，提高出版人的职业认可度，减少人员流失。

3. 从业个人：突破创新

出版业从业者作为文化传播者，肩负引领社会大众文化素养以及社会价值观的重要作用。本研究数据显示，部分出版业从业者在应对新生事物时不能及时补齐自己的技能短板，存在技术脱节现象。因此，在媒介快速更新叠加的时代，出版业从业者应与时俱进，主动学习数字传播相关知识与技能，调整工作思路与方法，敢于突破、敢于创新，才能胜任新媒体时代的出版工作。从业者应有意识地积极参加相关机构协会举办的培训，在适应新时代工作要求中尽快提升自我技术素养。员工在不断学习和进步中会更加认同自我价值，提升职业成就感和认可度，适应出版业高质量发展人才需求。

（六）结语

本文通过翔实的调查数据和充分的量化分析，揭示了影响出版业从业者职业认可度的主要因素及其重要程度，希望能够为新时代出版业留住优秀的人才提供新的依据和参考。

因为研究采样方法的局限，样本中华北地区的人数较多，有近35.0%的从业者来自北京地区，有56.4%的从业者来自出版社，有81.7%的从业者从事内容编校工作，所以样本并非系统抽样，回归结果可大体代表国内出版业的情况，但不能够代表全国出版业的标准情况。同时，在兼顾变量丰富性和模型优度的前提下，个别回归模型系数与相关系数出现了误差，有待进一步优化。此外，数据并非专门为本研究定制，而是依据原有变量来提取自变量，在变量设置上有一定的局限性。上述缺憾有待在未来的调查研究中进一步完善改进。

本研究结论希望可以为管理部门、行业学协会、出版相关机构在人才管理实践中提供数据支持。同时，出版业从业者也可参考结论，思考影响自我职业发展中的重要因素从而及时调整发展定位及策略以谋求最优发展路径。

（本文发表于《科技与出版》2022年第9期，执笔人：李亚雯、赵玉山）

四、出版人性别差异影响研究报告

（一）研究动机

随着社会的进步，男女平等已经成为社会普遍现象。然而，基于性别的歧视现象仍然存在。一项研究表明，2020年3月至2021年9月，女性比男性更有可能失业，以及更有可能因为照顾他人而放弃工作；女性比男性更有可能因学校停课以外的原因辍学。

很明显，性别偏见仍然是工作场所女性面临的挑战，尤其是当她们试图升职时，职业女性面临着阻碍她们实现抱负的很多无形障碍。很多女性不能晋升到企业或组织的高层，并不是因为她们缺乏能力或经验，也不是因为她们不想获得这些职位，而是因为性别刻板印象认为女性不适合担任领导角色。

社会学分割论强调劳动力市场和社会存在着多种分割因素，这些结构性因素会影响个人地位的获得。同时，家庭背景等先天禀赋因素成为决定个体进入何种劳动力市场的因素。西奥多·舒尔茨用人力资本投资理论解释了职业生涯中的性别差异，以及人类资本投资向男性倾斜的原因，在于人们认为投资男性比投资女性更有价值。

鉴于社会结构和人类文化，平均而言，女性企业家比男性承担更多与家庭相关的义务（抚养和照顾孩子，作为已婚妇女花时间做家务等）。在开始或发展业务时，这些事实可能会造成时间和流动性限制。这些理论结合起来构成了女性职场的"玻璃天花板"效应。

尽管研究表明，通过在能力、财产权和就业方面实施平等来实现创造性别平衡的商业环境可使企业获得更大利润，政府也在努力完善相关法规和政策，但各种因素综合作用并在某些情况下加剧了性别差距。职业发展中的性别差距，仍然很突出。

《全球性别差距报告》从四个维度衡量性别差距：经济参与和机会、教育程度、健康和生存以及政治赋权。

到 2022 年，全球性别差距缩小了 68.1%，但尚未有任何国家实现完全的性别平等。按照目前的发展速度，需要 132 年才能完全实现性别平等。2020 年，女性占中国劳动力的 43.5%，男性占 56.5%。2022 年，中国缩小了 68.2% 的性别差距。第四次中国女性社会地位调查数据显示，随着我国促进性别平等和女性全面发展的社会环境进一步优化，女性在经济社会发展中发挥着重要作用，"女性可顶半边天"的作用凸显。

工作中的性别差距是世界性的。在世界银行分析的 190 个经济问题中，女性仅享有男性 75% 的合法权益。

欧洲有关数据显示，尽管在过去几十年中女性参与教育、劳动市场和政治生活的人数显著增加，但女性的薪酬仍然低于男性，并且在监督、管理和行政级别的代表性不足。

经验证据表明，在科学、技术、工程和数学领域的整体生产和学术影响方面的确存在显著的性别差距。性别差距不仅存在于不同行业之间，同一行业内的性别差距也很明显。研究发现，女性晋升为创业伙伴角色的可能性仅为男性的一半。学者们研究了创业和内部创业的性别差异，发现女性不太可能选择创业，大概率是因为她们厌恶风险、存在信用约束或歧视。对 1981 年收集的生物化学家调查数据的分析表明，女性晋升为教授或副教授的可能性较低。

在一项对来自 24 个学术医学中心的近 2000 名教职员工的调查中，与男性教员或没有孩子的女教员相比，有孩子的女教员获得的科研经费更少，工作满意度更低。一项针对美国出版业女性工作岗位、工资和性别歧视的调查显示，美国出版社中女性的工资水平落后于男性。尽管女性在之前的工作中表现出色，但她们更容易错过晋升机会，真正的权力掌握在男性手中。

女性在英国出版业占据绝大多数职位，但她们在薪酬方面缺乏优势。在我国出版从业者中，出版社女性员工人数明显多于男性，编辑似乎是一个对女性友好的职业。然而，现有研究发现，女性在人数上的优势并不代表在职场上的优势。例如，事实证明，我国绝大多数出版机构的领导都是男性。有学者认为出版业女性在求职和晋升过程中仍然面临性别歧视，职场女性难以获得与男性同等的晋升和加薪机会。

国内对出版业性别差距的研究并不多，现有研究多集中于对工作状态和感受的描述性分析。很少有通过数据分析和比较对出版业性别差距进行探索性研究。鉴于当前我国图书和期刊出版业中以女性偏多的现状，本文主要针对以下问题开展研究。

性别差距是否影响着以女性居多的出版从业者的就业状况？

在出版业中，男性和女性的工作机会是否平等？

不同性别的从业者在出版业务中具有相同的话语权吗？

不同性别的编辑从业者是否获得了平等的薪酬待遇？

女性和男性有平等的晋升机会吗？

他们对职业发展有相同的期望吗？

以女性编辑为主体的出版从业者在职业升迁中是否存在"玻璃天花板"？

本文将努力通过问卷调查数据对上述问题作出回答。希望研究的结果能够探讨造成我国出版行业中，特别是编辑岗位中性别差异对从业者从业状态的影响，为我国相关管理部门、行业协会、出版机构人才队伍建设和出版从业者个体职业规划提出合理化建议。

（二）数据和方法

本次研究问卷数据来自"出版人职业生存现状调查（2019—2020年度）"。

我们选取问卷中与性别差异和从业状态相关的问题进行分析。主要涉及出版人的基本情况、岗位及工作量、薪酬福利、职业选择以及职业情感共五方面因素。问卷中相关数值的量化指标，编码为从 1 到 11 表示逐渐增大（强），6 分为"一般"，1 分为"极小（弱）"，11 分为"极大（强）"。研究采用了卡方检验、T 检验，根据研究需要，根据统计学相关要求对数据进行了相关处理。

（三）研究结果

1. 以编辑为主体的出版从业者性别差异基本数据分析

调查样本中，女性 2592 人、占 69.45%，男性 1140 人、占 30.55%，女性占比接近总样本的七成。由此可以看出，当前以编辑为主体的出版从业者中女性员工的数量明显多于男性，男女数量占比差别较大。

问卷有关职业现状的基本情况包含：年龄、学历、从事出版工作年限以及职称。具体情况如表 2-10 所示。

表 2-10　调查样本基本情况性别相关的卡方检验

年龄（岁）	男（%）	女（%）	总计（%）	p
≤ 25	43（3.77）	177（6.83）	220（5.89）	
26—30	212（18.60）	608（23.46）	820（21.97）	
31—35	223（19.56）	652（25.15）	875（23.45）	
36—45	381（33.42）	862（33.26）	1243（33.31）	0.000**
46—55	209（18.33）	257（9.92）	466（12.49）	
56—60	57（5.00）	30（1.16）	87（2.33）	
≥ 61	15（1.32）	6（0.23）	21（0.56）	
总计	1140（100.00）	2592（100.00）	3732（100.00）	
学历				
初中	3（0.26）	0（0.00）	3（0.08）	
高中	6（0.53）	1（0.04）	7（0.19）	
专科	67（5.88）	103（3.97）	170（4.56）	
本科	587（51.49）	1146（44.21）	1733（46.44）	0.000**
硕士	425（37.28）	1252（48.30）	1677（44.94）	
博士	52（4.56）	90（3.47）	142（3.80）	
总计	1140（100.00）	2592（100.00）	3732（100.00）	
工作年限（年）				
≤ 5	331（29.04）	982（37.89）	1313（35.18）	
6—10	254（22.28）	684（26.39）	938（25.13）	
11—20	364（31.93）	730（28.16）	1094（29.31）	0.000**
21—30	138（12.11）	174（6.71）	312（8.36）	
≥ 31	53（4.65）	22（0.85）	75（2.01）	
总计	1140（100.00）	2592（100.00）	3732（100.00）	
职称				
无	264（23.16）	679（26.20）	943（25.27）	
初级	95（8.33）	226（8.72）	321（8.60）	
中级	434（38.07）	1203（46.41）	1637（43.86）	0.000**
副高级	253（22.19）	408（15.74）	661（17.71）	
高级	94（8.25）	76（2.93）	170（4.56）	
总计	1140（100.00）	2592（100.00）	3732（100.00）	

注：* 的数量表示显著性水平，***、**、* 分别表示 1%、5%、10% 统计意义上显著。

从年龄上看，调查样本主要为 26—45 岁的青年人。样本中近九成女性、75% 左右的男性在 45 岁以下。45 岁成为性别差异的分水岭，45 岁以上，男性占比超过女性。也就是男女性别差随着从业年龄增加，逐步趋于平衡，这种现象应该是因男女退休年龄不同造成的，同时也意味着更多以编辑为主体的出版从业者中职场女性愿意提前退出职场。

从学历上看，女性的最低学历为高中，而男性的最低学历为初中，女性的入行学历门槛普遍更高。50% 以上的女性具有硕士及以上学历，而 42% 男性拥有硕士及以上学历。可见，相比于男性，以编辑为主体的出版从业者中女性拥有更高学历占比。

在工作年限上，工作在 10 年以内的员工女性占比 64.28%、男性占比 51.32%。此外，T 检验结果显示，男性的平均工作年限高于女性的平均工作年限。因此相比于男性，女性出版人更加年轻化，职业生命周期更加短暂。

从职称来看，拥有副高以上职称女性占比 18.4%，男性占比 30.44%。由此可见，女性专业高级职称占比明显低于男性，在职称晋升的渠道上，女性获得的机会比男性更少。

由此可见，以编辑为主体的出版从业者中女性相比于男性，呈现占比多、学历高、工龄短、职称低的特点。虽然女性在出版业中占据多数，但男性在职位晋升上更占优势。以编辑为主体的出版从业者中，男女性别结构在年龄、职称、学历、工龄等多项基本指标中均存在显著差异（卡方检验的 P 值均小于 0.01）。

2. 性别差异对岗位及工作量的影响

问卷样本中，出版业岗位共含四类，从事内容编辑岗位的样本占据了多数，其中女性 85.61%、男性 72.81%；从事行政管理岗位的女性 10.53%、男性 19.82%；营销发行岗位女性占比比男性低两个百分点以上，技术服务岗男女占比差异不明显。

面对未来职业规划，近六成女性职业理想目标是成为业务专家，相比只有一半的男性职业理想目标是业务专家；女性中不到两成理想目标是高层管理，还有两成女性愿意根据职业发展调整目标。由此可见，更多女性愿意专注业务发展，男性相比女性，更多人愿意从事管理工作，如表 2-11 所示。

表 2-11　关于样本岗位性别差异的卡方检验

性别	岗位系列（%）				总计	p
	行政管理	内容编校	营销发行	技术服务		
男	226（19.82）	830（72.81）	61（5.35）	23（2.02）	1140	
女	273（10.53）	2219（85.61）	64（2.47）	36（1.39）	2592	0.000**
总计	499	3049	125	59	3732	

性别	职业规划路线（%）					总计	p
	业务新手→业务专家	基层行政→业务专家	基层行政→高层管理	业务新手→高层管理	努力工作，根据需要		
男	517（45.35）	102（8.95）	106（9.30）	205（17.98）	210（18.42）	1140	
女	1330（51.31）	187（7.21）	125（4.82）	367（14.16）	583（22.49）	2592	0.000**
总计	1847（49.49）	289（7.74）	231（6.19）	572（15.33）	793（21.25）	3732	

选取问卷中衡量工作量和工作时间的四个指标：一周加班时长、一年出差天数、一年完成的文字工作量和工作任务量的大小。这四个指标都为定量变量，因此我们用独立样本 T 检验的方法来检验性别差异的表现。

T 检验的结果如表 2-12 所示，在一周加班时长和一年出差天数上存在着差异（P 值小于 0.05），女性在加班时长和出差天数上稍微低于男性。但是在文字加工量（排除无效样本后）和整体感觉工作任务量的多少上并无明显差异（P 值大于 0.05）。

表 2-12　关于样本工作量性别差异的 T 检验

变量	测量编码	性别（平均值 ± 标准差）		T	p
		男（n=1140）	女（n=2592）		
一周加班时长	1—6：不加班—加班30 小时以上	2.90 ± 1.35	2.73 ± 1.21	3.556	0.000**

续表

变量	测量编码	性别（平均值 ± 标准差）		T	p
		男（n=1140）	女（n=2592）		
一年出差天数	1—6：不用出差—出差30天以上	3.10 ± 1.66	2.39 ± 1.42	12.559	0.000**
现在的工作量	1—11：轻松完成—很难完成	7.06 ± 2.41	7.19 ± 2.21	−1.492	0.136
变量	编码	男（n=797）	女（n=2134）	T	p
文字加工量	1—7：无此项指标—1000万字以上	2.59 ± 1.73	2.57 ± 1.77	0.264	0.792

上述数据表明，以编辑为主体的出版从业者中，男女在岗位分工和职业规划路线上存在明显的差异：女性更多集中于内容编校，理想目标是成为业务专家；男性大部分也是从事内容编校工作，但相比女性，有更多的男性愿意从事行政管理，理想目标是成为高层管理者。在工作时间、加班和出差等体力消耗性指标上，男性体现出更多的生理优势，但在文字加工量及对工作量压力的感知上，男女基本没有差异。

3. 性别差异对薪酬福利的影响

样本数据显示，每月平均实际税后收入高于8000元的女性占比为28.28%、男性占比为42.89%；年终奖超过5万元的女性占比为15.36%、男性占比为21.66%。虽然女性样本是男性的近2.3倍，但是月薪超过1.2万元的男性和年终奖超过20万元的男性数量比女性多。整体看来，以编辑为主体的出版从业者中大多数女性的薪酬低于男性，并且拥有高薪的女性数量较少。

实际收入与当地职工平均收入比较，自我感受高于当地职工的女性占比仅为2.35%，男性占比为7.11%。与当地同龄人相比较，自我感受高于同龄人、薪酬比较有竞争力（测量编码大于或等于6）中，女性占比为24.74%、男性占比为36.32%。实际月薪（含公积金，不含年终奖）与期待月薪比较，只有5.35%的女性和6.06%的男性认为目前月薪基本合理。大部分从业者期待月薪为8000元至15 000元，性别差异不大。

但是，超过 15 000 元月薪且"认为较为合理"的女性明显少于男性，女性占比为 17.90%，男性占比为 30.61%。可见女性对于收入的期待值显著低于男性。此外，对于单位薪资福利满意度上，较为满意的（评分大于或等于 6）女性占比为 33.59%，男性占比为 42.90%。女性的满意度也低于男性。从侧面可以看出，女性从业者尽管期待薪酬相比男性较低，但出版单位在薪酬满意度上仍然未得到更多女性从业者的认可。

表 2-13　调查样本关于薪资福利性别差异的 T 检验

变量	测量编码	性别（平均值 ± 标准差）		T	p
		男（n=1140）	女（n=2592）		
月薪	1—8：3 000 元以下—3 万元以上	3.44 ± 1.35	3.04 ± 1.09	9.612	0.000**
期待月薪	1：目前比较合理，2—8：3 000 元—3 万元以上	4.66 ± 1.67	4.18 ± 1.47	8.254	0.000**
收入在当地职工中	1—3：偏低、中等、较高	1.65 ± 0.61	1.47 ± 0.54	8.948	0.000**
税后年终奖	1—8：0—20 万元以上	3.19 ± 1.69	2.92 ± 1.47	5.003	0.000**
薪资福利满意度	1—11：非常不满意—非常满意	6.07 ± 2.23	5.69 ± 2.12	5.006	0.000**
薪酬待遇在当地同龄人中	1—11：完全没有竞争力—非常具有竞争力	4.83 ± 2.02	4.24 ± 1.91	8.543	0.000**

因为薪资福利的几个指标都是定量变量，所以我们用独立样本 T 检验来检测指标的性别差异，检验结果所有指标的 p 值均小于 0.01，表明出版人在平均月收入、税后年终奖、薪资福利满意度等五个变量上均存在显著差异，且这五个变量的平均值女性都比男性低。女性实际收入均值低于男性，拥有高薪资的人数也较男性更少。同时女性的期待收入值也低于男性。与当地职工的比较中，出版从业者感受自身薪资待遇中等偏下，在与当地

同龄人的比较中，大多数出版从业者感受薪资福利处于劣势，比较没有竞争力。

4. 性别差异对职业选择的影响

兴趣爱好、专业对口和国企稳定这三个因素是大多数人选择进入出版行业的主要动机。样本中有 61.77% 的女性、66.40% 的男性因为喜欢图书、热爱出版事业进入以编辑为主体的出版业；有 25.73% 的女性、22.28% 的男性因为专业对口选择进入出版业；有 25.12% 的女性、22.63% 的男性看重国企工作稳定，有保障；有 10.76% 的女性、12.89% 的男性考虑时间比较自由。可见女性比男性更加看重专业对口和工作稳定，男性比女性更加重视兴趣爱好和时间自由。

从样本数据可知，58.41% 的女性、43.95% 的男性仅在一个部门工作过；3.74% 的女性、8.94% 的男性工作过的部门超过 3 个。面对自己的职业规划时，男性认同"交叉系列"的比例明显高于女性，如表 3-11 所示。可见，相比男性，女性员工的岗位流动性较低。职业规划时女性更愿意"蹲守"一个岗位，而男性更倾向于"流动"更多岗位。

面对融合出版新技术，男性和女性的应对措施也是大不相同的。女性中57.3% 选择"吃老本"和"有心理准备，但无从下手"。而男性只有 49.3% 的人选择此两项。这说明面对新技术，相比于女性，更多的男性在积极学习和探索。综合看来，由于男性有在更多岗位工作的可能性，在职业规划的路线选择上也存在更多探索的意愿，因此职业发展的多样性优于女性。

跳槽意愿的性别差异不大，44.76% 的女性、45.44% 的男性有跳槽打算。如果跳槽，女性和男性优先考虑的选择依次是：仍在出版业、教育行业和政府相关部门。跳槽原因和动机没有显著差异，排名前五的跳槽原因均是：薪资福利不满意、不认同当前企业文化、对出版业前景悲观、领导问题和个人原因（家庭、身体等）。而选择坚守出版业不愿跳槽的主要原因，女性是"生活压力大、跳槽风险高"（18.09%）、"个人喜欢书香气，不喜欢挑战"（17.28%），男性的选择是"对文化出版业充满信心"（22.11%）、

"生活压力大、跳槽风险高"（18.07%）。共同排在第三位的原因是"目前发展较为满意，不愿意再冒险"。

可见，在是否跳槽的动机上，男性优先关注的是客观发展环境、生活压力和职业发展。而女性优先关注的是生活压力、个人情怀和职业发展。

从上述职业选择的结果来看，在入行原因上，男性比女性更加注重兴趣爱好，女性比男性更加注重专业对口；女性更关注工作的稳定性，男性更关注时间的自由性。进入工作岗位后，女性稳定性高，更愿意专攻一职，男性流动性强，更愿意全方位发展。男女的跳槽意愿虽然基本没有差异，但跳槽原因上女性更关注个人情怀，男性更关注行业整体格局。

5. 性别差异对职业情感的影响

对自己未来职业前景的态度和职业规划的清晰度上，男女存在明显差异（T 检验 P 值小于 0.01）。对自己未来职业前景的评分，女性平均分是 6.23，男性平均分是 6.57。对于职业规划的清晰度，女性平均分是 6.85，男性的平均分是 7.30。这两项指标，女性均略低于男性，可知女性职业规划清晰度略低于男性，如表 2-14 所示，职业生存状态的满意度女性明显低于男性。

表 2-14　调查样本关于职业情感性别差异的 T 检验

变量	测量编码	性别（平均值 ± 标准差）		T	p
		男（n=1140）	女（n=2592）		
职业前景	1—11：非常悲观—非常乐观	6.57 ± 2.19	6.23 ± 1.88	4.591	0.000**
职业规划	1—11：非常不清晰—非常清晰	7.30 ± 2.11	6.85 ± 1.96	6.141	0.000**
工作态度	1—4：非常喜欢—不喜欢	2.16 ± 0.67	2.22 ± 0.65	−2.467	0.014*
工作压力	1—11：非常小—非常大	7.62 ± 2.07	7.57 ± 1.93	0.719	0.472
职业生存状态满意度	1—11：非常不满意—非常满意	6.81 ± 2.00	6.48 ± 1.82	4.863	0.000**

可以推测以编辑为主体的出版从业者中，相比于女性，男性认为自己更具职业发展力和竞争力。男性无论对职业规划的清晰度还是对职业前景的信心，都比女性高。

从工作的态度来看，差异明显但是不大，男性对于工作的喜欢度略高于女性。评分为"非常喜欢"和"比较满意"的样本中，女性占比为68.44%，男性占比为71.75%。也就是说，七成左右的出版人对出版业还是喜欢和热爱的，出版人对出版业的企业忠诚度较高。

在工作压力上，性别差异不明显（p 值大于 0.05），男女性别压力值均在 7.6 左右，压力略高。

从业经历中，男性和女性"最有荣誉感的时候"均是成为单位和行业公认的专家；"最有挫败感的时候"，男性和女性都选择了职业迷茫、能力没有长进。其他几项的排序男女选择基本相同，只是比例稍有不同。这说明男女在职业价值感的判别标准上并无明显差异，职业价值观基本一致。

从出版人职业情感性别差异的 T 检验结果来看，虽然男女在职业荣誉感和挫败感中拥有相同的判别标准和价值观念，但是在职业规划和职业前景上，男性比女性更有信心和竞争力。尽管女性在职业发展中较男性处于劣势地位，男女在工作态度和工作压力上却表现一致。

（四）总结

通过对调查数据的统计学分析可知，性别差异在多个方面影响了出版人的从业状态，概括起来主要包含下述几点。

综合来看，样本中的男女性别分布比例为3:7，这一数据与出版行业中编辑岗位从业现状基本吻合。在以编辑为主体的出版从业者中，仍然是以女性员工为主。与男性相比较，女性员工呈现学历高、工龄短、职称低的特点。

从职业发展的轨迹来看，在进入出版业的动机上，女性较男性更加关注专业对口，男性较女性更加注重兴趣爱好。女性更加关注工作的稳定性，男性更加专注工作的自由性。在跳槽意愿的强烈程度上，男女并无差异。在是否考虑跳槽的因素上，女性更关注个人情怀，男性更关注行业整体格局。

从职业发展目标和规划来看，出版业中内容编校岗位是核心岗位，超过七成的样本从事此类工作。相比于男性，女性岗位稳定性更高，她们更愿意"坚守"自己熟悉的岗位，期待能够成为业务专家。相比女性，男性更愿意从事行政管理岗位，工作流动性强，更愿意探索与尝试多元化业务，理想的职业规划是成为高层管理者。

从薪酬待遇和职业满意度来看，尽管工作量上男女差异不大，但是女性实际收入的平均值低于男性，拥有高薪的女性也比男性少。男性较女性对未来的工作前景和工作规划更具信心和竞争力。整体上，职业生存状态满意度男性高于女性。

通过分析发现，以编辑为主体的出版从业者中女性的人数优势并没有给女性带来优于男性的薪酬福利和职业发展机遇。男女平等只表现在工作量上，在其他方面依然存在差距。甚至在学历、年龄都优于男性的情况下，在升职加薪上女性依然处于劣势地位。这也降低了女性对未来职业发展的期待值，女性整体的职业满意度低于男性。总之，在当前的以编辑为主体的出版从业者中，职业状态的性别差异仍然存在并呈现出不同的特点，根据这些特点采取不同的对策，有利于促进人才队伍的建设。

（五）讨论

本文通过对我国出版从业者的工作现状和职业发展的研究，结合国外有关出版行业性别差异的研究，根据相关理论，从以下三点分析性别差距和"玻璃天花板"效应的成因。

1. 性别刻板印象的影响

性别刻板印象描述了男性和女性应该做什么以及他们应该如何做。它是一条认知规律，会影响人们对与男性和女性有关的信息的处理，包括描述性性别刻板印象和规范性性别刻板印象。描述性性别刻板印象指的是男性和女性是什么。他们认为女性的特质导致其难以在男性性别类型的职位和角色中获得成功。

传统的性别刻板印象主要描述男性和女性应该是什么。规范性刻板印象指的是男性和女性应该做什么，如果违反标准将带来负面后果，它通过设定规范助长了性别偏见。

其中，性别刻板印象认为，女性胜过男性是一种违背常规的行为，应该受到惩罚。这些刻板印象成为女性职业晋升的特殊障碍。性别刻板印象极大地制约了女性的社会地位和自我定位角色认知。社会中存在着男主外女主内的偏见，就连很多女性自己也承认这样的角色决定。许多男性不屑于接受高层女性的领导，或者不愿意接受女性化的领导方式。高层职位一般由男性占据，部分高职位男性人员不愿让女性参与高级职位，女性职位提升存在隐形困难。

由于大多数企业的中高层领导以男性居多，"同质化社会再生产"导致男性更愿意提拔与自己相似的男性员工，而不是将机会留给与自己不同的女性员工。因此，男性担任企业高管的传统得以延续，女性的职业发展缺乏应有的机会。

2. 性别分工与传统观念的影响

基于男女生理特征的性别分工，久而久之内化为性别文化。2011 年中国妇女社会地位调查显示，61.6% 的男性和 54.8% 的女性认同"男主外，女主内"的观点。长期以来形成的社会规范认为，男性应该为事业努力，女性应该为家庭付出更多，这是性别分工的结果。很多职业女性不仅比男性承担更多的家庭责任，同时也想成为贤妻良母。因此，她们面临着事业和家庭的双重压力。

许多职业女性都曾经历过"女性中年危机"。当职业发展与照顾家庭发生冲突时，女性往往会被期望为家庭放弃工作。一旦遇到"玻璃天花板"，她们很容易放弃奋斗，选择照顾家人。因此，有些人止步于"玻璃天花板"。如果女性在职场的长期发展并不顺利，她们会逐渐相信社会上"干得好不如嫁得好"的说法。同意这一观点的女性人数从 2000 年的 37.3% 增加到 2010 年的 48.0%。

性别文化和长期传统文化的影响，导致女性在职业发展中面临不利的"文化支持"，职业期待明显低于男性，这也是女性晋升困难的主要原因。

3. 政策调整失衡

首先，从公共就业政策来看，我国政策规定了同时参加工作的女性的工作年限低于同龄男性，也就是女性想要达到更高的职位需要用比男性更少的时间，这也在无形中限制了女性职业发展的高度。

此外，在产假和育儿假方面，女性的法定产假为 128 天，可根据具体情况延长至 218 天，而男性的陪产假为 15 天。这条规定似乎是为了照顾女性，因为女性产后需要一段时间来恢复。然而，在职场上，这也让女性在职业竞争中处于劣势。此外，一些原本有利于女性的就业政策在制定和实施过程中往往非但不能保障女性的职业发展，反而进一步加剧了"玻璃天花板"效应。

研究证实，男女之间的工作量并没有显著差异。事实上，在以知识经济为特征的现代社会，男女体质的差异已不再是女性职业发展的最大障碍。在政策法规方面，新中国成立以来，我国高度重视男女平等就业问题，出台了大量的法规政策促进女性就业的发展，使女性享有就业和经济独立的权利，并且已经在促进性别平等方面取得了巨大的成就。

在市场经济条件下，政府也制定了许多政策来保护女性权益，促进女性就业发展。但不可忽视的是，现行机制由于缺乏有效的惩戒机制，大大降低了法规政策实施的有效性。

综上所述，受各种因素的综合影响，目前在以编辑为主体的出版从业者中探索和寻求性别平等仍然具有重要意义和价值，政府、行业协会和出版机构也应该更加重视为女性出版从业者提供平等的职业选择和职业发展路径。确保女性通过努力，可以得到与男性相同的待遇。

本文因为通过网络渠道采取方便抽样调查的研究方法，样本研究并不能完全真实反映行业的实际情况，同时受研究变量的局限，部分结果的分析未考虑更多潜在中介变量的影响，比如男性比女性从事更多岗位，是男性自愿选择还是组织安排？以编辑为主体的出版从业者中男性比女性看上去更愿意接受挑战和勇于创新，这是出版行业的特性还是所有行业的共同特征？出版行业还有哪些影响男女性别差异中介变量需要纳入研究模型？这些问题均有待在未来的研究中进一步探究和完善。

（本文发表于《Publications》2023 年第 11 期，执笔人：李亚雯、赵玉山）

五、编辑继续教育现状调研报告

新中国成立以来，党和国家一直重视出版专业技术人才的培养，从各个方面、采用各种方式不断提高从业队伍素质，目前已经形成多层次、多形式、覆盖全行业的继续教育培训体系，为推动我国出版业的持续繁荣发展提供人才保证和智力支持。1995 年，国家人事部印发了关于《全国专业技术人员继续教育暂行规定》的通知，要求对专业技术人员实施继续教育。2008 年，新闻出版总署颁布《出版专业技术人员职业资格管理规定》，明确规定出版专业技术人员应参加继续教育。2010 年，《出版专业技术人员继续教育暂行规定》出台，出版专业技术人员继续教育有了专门的指导性文件。2020 年 5 月，国家新闻出版署和人力资源社会保障部下发《出版专业技术人员继续教育规定（征求意见稿）》，要求把政治能力建设贯穿继续教育全过程，提出适当增加继续教育学时的建议。这些制度和规定构成了我国当前编辑职业继续教育制度的基本框架。

编辑继续教育除了面授脱产学习，全国宣传干部学院（培训中心）适应信息化发展的趋势，形成了新闻出版网络教育与管理系统，目前在线课程有 500 多学时，从政治素质、专业能力、职业素养三个层面提供网络在线学习培训的课程。本文利用"木铎书声"微信公众号面向编辑出版工作者展开的关于继续教育现状的问卷调查，从编辑继续教育的现状以及编辑对职业现状的感受出发，分析目前编辑继续教育存在的问题，尝试提出改进编辑继续教育的建议。

（一）调查问卷及数据分析

为加强对编辑继续教育培训现状的了解，进一步提高培训课程的针对性，促进服务编辑人才队伍的高质量发展，笔者在 2018 年和 2020 年通过"木铎书声"微信公众号，向全国范围内的编辑出版人员开展问卷调查。问卷通过第三方专业平台发布和收集，用户主要在手机端参与。

第一次问卷调查"编辑职业培训调研问卷"（以下简称"问卷一"）于 2018 年 3 月 19 日开始，持续 20 天，回收有效问卷 527 份，参与者覆盖全国 30 多个省（自治区、直辖市）。此次问卷主要内容包括：继续教育培训承办单位、培训目的、培训内容、课程实施方式、存在的问题、自我需要提升的能力等。问卷样本中图书编辑占 64%，期刊编辑占 18.8%，校对和质检人员占 11.8%，其他编辑占 5.4%。

第二次问卷调查"出版人职业现状调查（2019—2020 年度）"（以下简称"问卷二"），持续时间为 2020 年 4 月 30 日至 2020 年 8 月 30 日，回收有效问卷 2752 份。该调查覆盖全国 34 个省级行政区域，有关继续教育内容主要涉及编辑职业成长需求、业务能力提高的途径、培训内容需求、职业规划与发展、职业荣誉感等问题。问卷样本中图书编辑占 48.8%，期刊编辑占 19.5%，校对和质检人员占 11.3%，其他编辑占 20.4%。

两份问卷从不同侧面就编辑对于当前职业岗位继续教育的感受、规划、期待和建议等进行了调研，特别是对继续教育现状的建议，有利于进一步优化编辑继续教育相关制度，推动出版机构进一步完善提升编辑能力的措施和保障，推动继续教育承办机构加强课程设计、创新课程方式、提高课程质量，共同服务于出版业人才队伍的高质量发展。

（二）编辑继续教育的现状与期待

编辑是出版业的核心骨干力量，编辑队伍的整体能力决定了出版物的质量，出版业的高质量发展离不开人才队伍的高质量建设，因此编辑队伍当前的从业感受、职业现状和职业规划与能力提升，就与出版业高质量发展紧密相关。从调查和问卷反馈来看，虽然自学和相互交流等传统方式仍然是编辑的主要学习方式，但接受系统的继续教育已经成为编辑普遍业务能力提升和职业发展的重要方式。

1.接受继续教育较为主动

出版融合发展时代，新政策、新技术、新需求、新知识对编辑出版人才提出了更高的要求，传统出版企业也经历着转型升级、创新变革，编辑出版人更新知识、掌握新技能、提升自我综合素质的需求强烈。调查显示，通过自学或请教同事、同行掌握新知识的占比分别达到74.43%和52.91%，编辑的学习主动性增强，高学历高素质也为其奠定了自我学习、不断充电的基础。研讨会、论坛、社会培训、出国进修等多种继续教育形式并存，为编辑继续教育提供了多样化的选择。但从实际占比看，受限于业务工作和出版机构的经费投入等因素，参与的机会并不多，如图2-9所示。

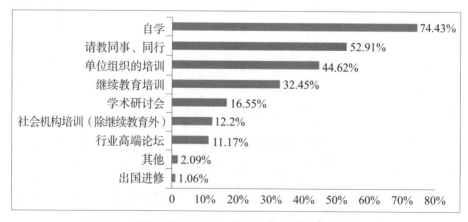

图2-9　编辑提高业务能力的途径（数据来源：问卷二）

2. 职业发展规划较为清晰

当前我国出版行业高学历、高素质的出版人才队伍结构基本形成。从问卷二参与者的学历构成来看，本科占比约为45%、硕士研究生占比约为46%、博士研究生占比约为4%，其他占比5%。从问卷参与者来看，编辑群体入职前多数是因为喜欢图书、热爱出版事业才选择进入出版行业，对自身有着较为清晰的职业规划，对出版业充满美好的憧憬，普遍对出版业目前的职业生存状态感到满意。有的希望通过专业化培养，从业务新手成长为业务骨干，获得行业认可；有的希望提升综合业务能力，成长为出版企业高管；有的希望通过多岗位交叉技能的训练，成长为行业多面手……无论是渴望获得作者、合作者的认可，还是努力成为行业公认的行家里手，正是基于对自我规划路径的清晰认识，编辑迫切希望通过持续的专业化学习来提升自身能力。

3. 期望获得业务能力提升

从问卷二来看，编辑希望通过继续教育提升的业务能力主要包括：通过学习新的出版管理规定和出版物标准规范，提升把控出版物质量的能力；通过观摩分享的案例，提升选题策划、编辑加工、宣传推广等方面的业务能力；通过学习新技术，提高新媒体运用能力，提升融合出版的能力。国家对意识形态工作、文化宣传工作的重视，也促使出版人更加重视政治素养的提升和加强对宏观政策导向、出版行业规范的学习研究。除此之外，版权知识、印刷工艺、财务常识，以及企业管理能力、人力资源与团队建设等实践能力的培养，也是编辑期望获得提升的能力。

4. 期望分享更多实践案例

编辑继续教育是非学历成人教育，属于职业教育范畴，目的是引导出版专业技术人员更新知识、拓展技能，加强职业道德建设，全面提升自身的专业胜任能力。编辑继续教育自开展以来，主要采取线下课堂讲座与线上PC端视频课程相结合的方式，但是随着社会的发展和编辑业务的逐渐多元化，这种传统的单向式教学已经无法满足编辑业务学习的需求。特别是对于以出版专业理论为主要内容的讲授式课程，即使授课专家有高职称、高学术地位，具有深厚的理论功底，但所授内容如果与编辑实践脱节，培训效果仍然大打折扣。从两份问卷反馈来看，更多的编辑希望增加案例分析、经验交流类课程；项目实践演练，观摩考察的培训方式也是编辑较为欢迎的内容；主题研讨、学术论坛、技能展示等也被列入课程期待的清单。

5. 期待半脱产式培训机会

目前多数出版社编辑人员不足，一些小型出版社编辑一人多岗、一岗多责的现象比较普遍，特别是新媒体编辑，更是身兼多职。因此，编辑往往忙于事务性工作，缺少参加继续教育的时间和精力。从问卷二编辑工作量数据来看，一年出版 30 本图书、加工量达 600 万字以上的编辑不在少数。近年来，随着出版物质量制度严格推进、经济效益指标逐年增加等多重压力，更多的编辑希望能够在繁忙的工作之余，利用每年继续教育的机会实现半脱产学习。从实际情况来看，参加的继续教育培训，一般是由地方出版局、行业协会、高校等组织的集中式封闭培训，学员相互熟悉，讲师与课程也往往数年不变，即使脱产学习，也很难激发学员学习、交流与讨论的热情。因此，更多的编辑希望能够增加跨地域培训学习的机会。

6. 实践经验丰富的授课专家更被认可

编辑基于职业成长的需求，对继续教育的授课内容和实践教学有着较高的期望，对编辑继续教育课程的授课教师也较为关注。从问卷一的统计数据来看，业界优秀同行和出版领域知名专家是较受编辑欢迎的，这两类人出版经验丰富，掌握行业规范前沿知识，也有实际项目运营的成功案例，如果以此为授课内容和方向，是非常契合编辑业务学习需求的。大数据分析、媒体运营以及跨界专家，也是编辑较为认可的授课教师，这与当前融合出版对编辑提出的更高要求有关，编辑需要尽快拓展学科边界，开阔视野，快速掌握新媒体运用和大数据分析等方面的能力。出版社的管理人员对于政策、制度等方面的导向把握较为准确，他们讲授的课程能对编辑的业务工作产生规范作用。除了参加行业协会的继续教育培训活动，一些出版企业尝试培养本单位的优秀职员成为培训讲师，这类培训讲师的授课紧贴编辑工作实践，能够从自身案例分享经验，适合进行行业新入职员工的培训。

（三）编辑继续教育存在的问题

1. 培训方式较为单一

问卷一的调查数据显示，当前的编辑继续教育培训，89.94% 的课程以专家讲授、学员听讲的传统课堂式培训为主，其中，40.61% 的课程是通过线上进行的网络课程。此外，还包括以小组讨论为主的参与式培训、以参观考察为主的实践式培训、以团队分享为主的带动式培训、以参加项目运作为主的体验式培训等多种培训方式。当前的编辑继续教育培训实施方式经过多年的积极探索，形式越来越多样，内容也越来越丰富，但从整体来看，符合编辑工作实践和编辑学习特点、学习需求的讨论式、体验式培训方式仍然较少。对于组织承办编辑继续教育的机构来说，这类培训方式组织难度大、投入成本较高，在培训实践中难以开展。

2. 编辑自主选择培训渠道较少

从问卷一来看，当前编辑参加继续教育以单位统一组织为主（56.93%），个人自主报名培训的占到 26.19%，继续教育的方式以地方新闻出版局、全国宣传干部学院（培训中心）以及相关学会、协会组织的学时继续教育培训为主。出版企业仍然缺少编辑参加高端、专业职业培训的机会和保障制度，同时，经费的限制也制约着课程承办机构投入更多成本开展多样化课程的尝试。总体来看，编辑参加继续教育的自主性选择没有得到保障。

3. 课程内容与实际需求存在脱节

从"编辑期待参加的培训内容课程"问题的调研数据来看，编辑较为期待的课程内容为编校业务知识和选题策划能力的提升，分别占 58.04% 和 52.74%，其次是新媒体与技术运用能力培训，占比为 40.96%，如图 2-10 所示。总体来看，编辑期待的业务能力类课程需求多于技术管理类课程。无论是业务能力提升课程，还是行业规范政策解读类课程，抑或企业管理、人力资源、项目管理等课程，目前继续教育培训课程大部分均有涉及和覆盖，但编辑在实际中感受培训内容与需求尚有距离。主要原因在于，继续教育培训大多以短期的专题培训和编校业务知识讲授为主，出版政策导向、版权知识、项目管理等内容涉及不多，无法满足差异性需求。客观上讲，编辑的学科和工作性质不同，入职年龄、岗位、职称等也各有差异，继续教育若能从实际出发，针对培训对象设计差异化课程，才会获得实际的受益，编辑能力和编辑素养才会获得切实提高。

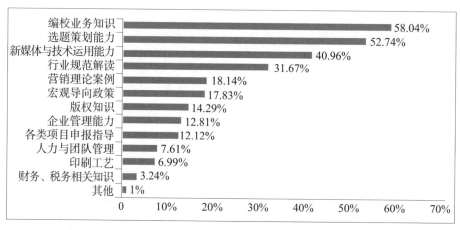

图 2-10　编辑期待参加的培训课程内容（数据来源：问卷二）

4. 继续教育培训存在的其他问题

对于继续教育培训中存在的其他问题，有超过一半的编辑认为目前培训还存在重理论、轻实践，培训内容针对性不强，培训结束后缺少持续的跟进和指导等问题。此外，27.32% 的被调查者认为培训时间过短、22.77% 的被调查者认为缺少学习评价和要求、16.51% 的被调查者认为培训设计不合理、16.13% 的被调查者觉得授课讲师水平不高。这些问题的反馈，既有对培训内容的评价，也有对培训方式的评判；既有对服务改进的建议，也有对授课教师的期待。综合来看，反映了当前编辑对于继续教育培训的重视，也可以从中看出编辑对于继续教育的期待和要求。所以，应该切实了解编辑需求、优化课程培训时间、设计理论与实践相结合的课程，注重培训效果的评估，才能不断提高编辑继续教育培训质量。

（四）完善编辑继续教育培训的建议

1. 建立健全编辑继续教育保障制度

从问卷中可以看出，当前各个出版企业编辑的继续教育保障体制还有待进一步完善。编辑是出版业发展的核心资源，出版机构应对编辑出版职业发展提供必要的条件和保障。在媒体融合发展的新出版业态下，传统出版企业正经历生存与发展的困境期，作为拥有一批高学历人才队伍的出版企业，更应该注重员工能力和素养的提升，建立健全的继续教育制度，投入更多的继续教育专项经费，支持学时教育、非学时培训等多种形式的学习，为企业发展培养队伍，为出版行业繁荣储备人才。

国家新闻出版署、人力资源和社会保障部制定了一系列关于出版专业技术人员开展继续教育的管理办法，2020 年 9 月印发的《出版专业技术人员继续教育规定》更是要求编辑继续教育学习每年累计不少于 90 学时，且仅当年有效不得结转，从制度上指导并保障编辑出版人员获得继续教育培训的机会。出版企业应积极落实执行有关继续教育的规定，为编辑接受继续教育提供有利条件。

2. 提高继续教育培训质量

首先，应重视课程设计，创新培训方式。编辑继续教育存在着个体差异，在课程内容选择上存在不同的需求，出版企业应尊重编辑职业培训的差异化，安排编辑参加适合自身发展、满足业务要求的培训。举办编辑继续教育的培训机构应该进行培训需求调查，征集培训主题，按类别、按层次合理设计培训课程体系，创新培训方式，提高培训的针对性和有效性。

其次，应加强培训管理，增设长期培训机制。建议主管部门遴选有资质、有实力的行业协会、高等院校、科研机构、出版企业等社会机构主办继续教育学时培训，对继续教育培训机构可以采取公开认证的方式，获得认证的机构可以根据实际情况灵活设计课程。当前，专题性培训、一次性培训很难满足编辑业务多样化需求与出版行业快速发展的实际变化，学员渴求多元化、菜单式的课程选择，出版行政管理机构可以尝试对认证合格的培训机构授权开放长期课程的审批试点，加强培训质量的后续监督、评估和检查，为学员提供多元化、高质量的课程。

3. 加强网络在线继续教育服务

网络继续教育是线下继续教育的重要补充。特别是 2020 年以来，在线教育的优势更为凸显。但是，目前编辑继续教育在线课程也存在一定的问题。

首先，出版人才培养课程体系建设不足，仅仅是按照讲课主题设置为"习近平新时代中国特色社会主义思想""政治理论""出版基础""出版实务""新媒体与数字出版""知识拓展"等模块，不能构成完整的专业人才培养课程体系，编辑随机选择课程，缺乏学习的系统性，学习效果也不理想。其次，网络培训欠缺交互性功能，如在线学习的话题互动、疑难解答等功能，专家课程上传后也得不到学员的学习反馈，不利于讲授内容的调整和更新。最后，网络学习课堂监督环节缺失，开放式的课后练习题并不能检验真实学习效果。在网络在线教育已成为时代潮流的背景下，编辑继续教育在线培训的渠道需要拓宽，行政管理机构可以采取授权、合作、采买的形式丰富在线教育内容。在学习载体上，应该尽快提供移动端的学习解决方案。

4. 提升编辑职业素养

在继续教育中，业务方面的学习固然重要，但是职业素养的培训也应该贯穿编辑继续教育的学习之中。首先，应该深入开展马克思主义新闻观教育，不断增强编辑的政治敏感性和政治鉴别力。保持对出版业意识形态属性和文化属性的正确认识，坚持正确的出版方向，大力弘扬爱国主义和为人民服务的出版精神，为人民群众献上优质的精神食粮，是所有出版人应有的思想理念。其次，要加强法律法规知识的再教育，让编辑掌握著作权、出版管理、信息安全、网络传播、印刷复制等方面贯穿出版工作始终的法律法规知识。融合发展、跨界发展的新形势下，大 IP 概念正在逐步改写出版行业的传统认知，树立法治意识是编辑基本的业务素质要求，需要不断温故知新。此外，增加职业道德教育内容，加强职业道德建设，提高编辑的道德修养，全面提升出版专业技术人员的综合素质，才能真正促进我国文化事业的繁荣发展。

（本文发表于《中国编辑》2021 年 1 期，执笔人：夏国强、赵玉山）

六、出版业薪酬福利与影响因素调查报告

出版业作为文化创意产业，人力资本是发展的核心动力。然而，《出版人职业生存现状调查样本报告（2017—2018 年度）》显示：98.4% 的出版人认为当前的薪酬不合理，51% 的出版人表示薪酬福利低带来了较大的工作压力，46% 的出版人因不满意薪酬待遇而想跳槽。这说明出版业的薪酬福利激励效应普遍降低，薪酬福利成为影响出版业发展的重要问题，对薪酬福利情况进行研究具有现实意义。本文通过对出版业薪酬福利展开全面调查，探究影响薪酬福利的因素，分析薪酬福利制度中存在的问题，为薪酬福利改革优化提供参考。

（一）研究设计

本文主要采用样本问卷调查法、数据分析法、访谈法，将定量分析和定性分析相结合，力求科学真实地呈现调查结果。

1. 问卷调查法

本文数据主要来自"出版人职业生存现状调查（2019—2020 年度）"，调查问卷分 4 个部分，包括 54 个问题。其中第三部分"薪酬福利"有 9 个问题，包括月度税后收入、年度税后奖金、薪酬福利构成、薪酬福利期待与满意度等。本文数据取自该问卷 2020 年 4 月 30 日到 2020 年 8 月 21 日之间的数据，共计采集有效问卷 2489 份。问卷样本覆盖我国七大地理分区、四类出版机构、五种工作岗位，详细数据如表 2-15 所示。

表 2-15　问卷样本分布情况

来源	数量	来源	数量	来源	数量
华北地区	1097	出版社	1445	编辑岗	2077
华东地区	481	出版类民营公司	429	管理岗	226
华中地区	265	报刊社	391	行政岗	83
华南地区	176	其他公司	224	营销岗	73
西北地区	162			技术岗	30
东北地区	160				
西南地区	148				

2. 数据分析法

本文以"出版人职业生存现状调查（2019—2020 年度）"采集的数据为主要坐标数据。为进行横向和纵向比较，参考收集了"出版人职业生存现状调查（2017—2018 年度）"数据、智联招聘发布的年度行业收入数据、新闻出版产业年度分析报告中的相关数据、《出版商务周报》组织发布的"2019 年度全国出版从业人员收入调查"数据等。

3. 访谈法

为进一步验证调查问卷的结果和掌握出版从业者对于薪酬福利的感受，笔者于 2020 年 7 月 3 日至 8 月 27 日对 8 位出版人进行电话深度访谈。为使访谈覆盖面更广，笔者尽量挑选不同地区、不同单位、不同岗位、不同工龄的出版人进行采访。访谈为半结构式访谈，笔者首先根据采访对象的单位、职务、工龄、职称等个体信息设计基本采访提纲，然后根据采访对象的回答随机跟进提问。访谈对象的基本情况如表 2-16 所示。

表 2-16　访谈对象的基本情况

样本	地区	单位	岗位	工龄	采访时长
1	北京	大学出版社	人力资源部主任	11 年	77 分钟
2	北京	部委出版社	校对	16 年	50 分钟
3	北京	大学出版社	学科编辑	12 年	43 分钟
4	北京	大学出版社	策划编辑	3 年	20 分钟
5	上海	期刊社	编辑	18 年	40 分钟
6	长沙	地方出版社	项目编辑	13 年	37 分钟
7	沈阳	大学出版社	质检部主任	26 年	52 分钟
8	广州	地方出版社	编辑	1.5 年	54 分钟

（二）调查数据

出版人的薪酬福利结构普遍为"月薪+年终奖+福利"模式。

1. 月薪

月薪包括基本工资、岗位工资、绩效工资和各种补贴。本次调查统计的是 2019—2020 年度出版人每月税后收入，包含公积金，不包含年终奖。出版人月薪在 5001—8000 元段人数最多，占比 38.09%；在 3 万元以上人数最少，占比 0.24%。总体来看，86.78% 的出版人月收入在 3001—12 000 元，高于 12 000 元的人数占比不超过 10%。大多数出版人认为目前的月薪较低，未达到预期。94.38% 的人希望提高收入，期望月薪在 8001—12 000 元的占比最高。四成以上（40.66%）的出版人期望月薪在 12 000 元以上，但实际可以达到这个收入的仅占比 9.72%。由此可见，大多数出版人的实际收入与期待收入差距较大，如图 2-11 所示。月薪在 12 000 元以上的出版人在出版业属于高收入群体，主要集中在北京地区，以中央部委出版社和大学出版社居多，年龄集中在 36—45 岁，从业年限在 11—20 年，中级和副高职称居多。

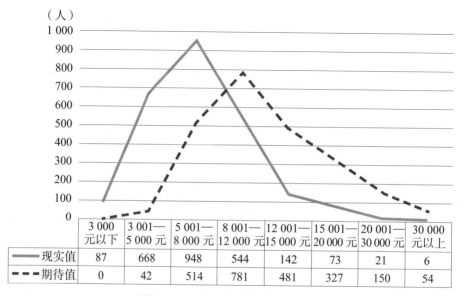

（人）	3 000 元以下	3 001—5 000 元	5 001—8 000 元	8 001—12 000 元	12 001—15 000 元	15 001—20 000 元	20 001—30 000 元	30 000 元以上
现实值	87	668	948	544	142	73	21	6
期待值	0	42	514	781	481	327	150	54

图 2-11　实际月薪和期待月薪对比

2. 年终奖

2019—2020 年度，83.65% 的出版人获得了年终奖，年终奖覆盖率较高。年终奖金额在 1.1 万—3 万元段占比最高，年终奖高于 10 万元的占比未超过 10%。年终奖高于 10 万元的出版人主要特征为北京地区、中央部委出版社、年龄在 36—45 岁、工作年限 11—20 年、中级和副高职称，且基本与月薪高者分布一致。可以发现，月薪高的人，年终奖也对应较高。407 人未获得年终奖，其中工作年限在 5 年以内的新人占了将近一半。

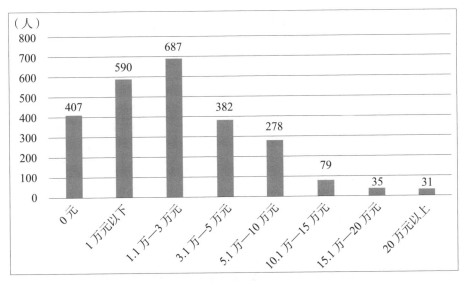

图 2-12 2019—2020 年度年终奖分布

综合月薪和年终奖收入数据，出版人每月平均税后收入主要分布在 6000—10 000 元区间，年度税后收入在 7 万—12 万元区间。这一结果也得到智联招聘发布的《2020 年春季中国雇主需求与白领人才供给报告》的佐证。该报告显示出版业平均税前薪酬是 8088 元 / 月，在 51 个社会行业中排名第 33，反映了出版业的薪酬在社会各行业中无明显优势。

3. 福利

福利分为经济性福利和非经济性福利。经济性福利指以货币表示的各项福利，如补贴、带薪休假、补充医疗等。非经济性福利指通过服务或改善环境等提供的福利，如工作认可、工作环境改善、晋升等。调查显示，出版人享受多种经济性福利。除了社会保险和法定假期，多数出版人还获得了体检、补贴（餐补、交通、取暖等）、带薪休假、节日慰问金等福利。45.4% 的出版人还享有补充医疗、补充公积金、企业年金等补充性保障。补充性保障能够为出版人增加一定的经济收入，因此有 30.86% 的出版人期待获得此类福利。只有 1.14% 的出版人享有住房福利，这些人中一多半的工龄在 10 年以上，这说明以前有出版单位提供住房福利，现在几乎没有了。总体来看，出版人享受的基础福利较为全面，因此出版人期待的福利主要集中在提升个人能力方面，如参加行业论坛培训（30.9%）、在职提高学历（30.05%）、出国进修（17.32%）等。

出版单位也提供了一些非经济性福利。大多数出版人喜欢出版单位的工作环境：能够在工作中享受文化的熏陶，同事之间关系融洽，考勤相对宽松自由。出版从业人员中女性占比超过 70%，个别单位还专门设有母婴室，虽然占比仅 5.54%，但人性化的关怀值得提倡。转企改制后的出版单位很少能够提供编制、户口、子女教育等福利，但是依然有很多出版人期待获得此类福利，如图 2-13 所示。

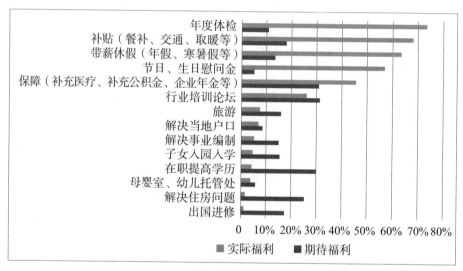

图 2-13　实际福利和期待福利对比

4. 薪酬福利满意度

从满意度调查来看，出版从业者对薪酬福利现状满意度的平均分为 4.82，低于中值 5（项目有关压力、满意度等量化指标，设定 10 级量表，表示由弱到强等级，基本设定 5 分为"一般"，1 分为"非常弱"，10 分为"非常强"，下同）。

通过交叉分析各项数据并结合访谈样本，可以总结出当前影响出版从业者薪酬福利满意度的因素主要有学历、工作难度和收入。

（1）学历

出版业是一个高学历人才聚集的行业，95.45%的人拥有本科及以上学历，高学历人才对薪酬福利期待更高，当收入达不到预期或比同学历的朋友收入低时，满意度就会降低。

（2）工作难度

和过去的出版环境相比，当前出版人面临更严格的质量检查、更低迷的市场环境、更激烈的外部竞争、更高的新媒体技术要求，出版人的工作难度普遍加大，然而收入水平却没有明显增长，甚至相对降低，导致满意度降低。

（3）收入

收入水平是直接影响薪酬福利满意度的因素，满意度得分与收入水平呈现正相关关系，如图2-14所示。从样本满意度得分来看，月收入8000元左右是满意度的分界点，样本中收入低于8000元的出版人占比达68.42%，反映了当前行业薪酬普遍没有达到从业者的期望。

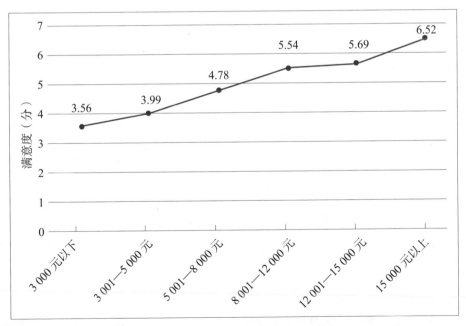

图2-14　不同月薪收入的出版人薪酬满意度得分

（三）影响因素

1. 宏观因素

（1）行业发展情况

根据产业生命周期理论，每个产业都会经历四个发展阶段：萌芽期、成长期、成熟期、衰退期。按照该理论来分析，我国出版业处于成熟期，主要表现为：经营主体数量相对稳定，各自占有一定比例的市场份额；行业赢利能力下降，营业收入逐年增长但增速减缓，2019年的增长率仅有1.1%，如图2-15所示；买方市场形成，需求增长率不高，产品的价格较低；数字出版产品开发困难；外部出现了强有力的竞争对手，知识付费行业抢占了出版业的作者资源、读者资源甚至是人才资源等。处于成熟期的出版业依然实力雄厚，可分配的利润空间缩小，导致出版业的薪酬呈现"稳中有增"的特点。从业10年以上的被访谈对象均表示，多年来工资收入有所增长但增速很慢，赶不上物价上涨的速度，这在一定程度上影响了出版人的工作积极性。

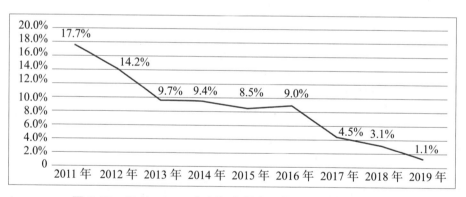

图2-15　2011—2019年新闻出版产业营业收入同比增长率

注：数据来自《2011年—2019年新闻出版产业分析报告》。

（2）地区经济水平

从七大地理分区来看，华北地区、华东地区、华南地区、西南地区的出版人月薪在5001—8000元居多，而华中地区、西北地区、东北地区的出版人月薪在3001—5000元居多，如表2-17所示。

表 2-17 各地区出版人月薪分布情况

地区	小于 3 000 元	3 001— 5 000 元	5 001— 8 000 元	8 001— 12 000 元	12 001— 15 000 元	大于 15 000 元
华北	2.19%	16.96%	36.92%	29.72%	8.02%	6.19%
华东	3.12%	29.94%	40.12%	19.96%	4.37%	2.49%
华南	2.27%	25.00%	46.59%	14.20%	5.70%	6.24%
西南	3.38%	30.41%	43.24%	17.57%	4.05%	1.35%
华中	4.15%	42.26%	33.96%	14.34%	3.77%	1.52%
西北	6.17%	41.36%	38.27%	11.11%	3.09%	0.00%
东北	11.25%	43.75%	32.50%	9.38%	1.25%	1.87%

注：表格中阴影部分表示主要分布区间（后同）。

综合年终奖来看，华北地区收入水平最高，主要是因为包含北京地区数据。2489 份样本中有 100 人月薪超过 15 000 元，北京占比 65%；有 145 人年终奖超过 10 万元，北京占比 61%。北京作为全国的政治、文化中心，为出版企业发展提供了优质的作者资源和市场资源。上海、浙江、江苏等经济发达省市从业者薪酬水平位列第二，年终奖收入和华北地区相差不大。东北地区的薪酬水平全国最低：月薪低于 3000 元的占比最高，月薪超过 8000 元的占比最低；没有年终奖的占比最高，年终奖超过 3 万元的占比最低。来自东北地区的访谈对象 7（大学出版社质检主任）表示，长期以来东北地区经济发展滞后，这严重影响了出版业的发展和出版人的收入。

福利方面，七大地区差别不大，提供最多的福利均为体检、补贴、带薪休假、节日慰问金、补充性保障、行业论坛培训，享受其他福利的人数占比都在 10% 左右。

（3）单位类型

从单位类型来看，出版社、报刊社、出版类民营公司、其他公司的月薪均表现为 5001—8000 元的占比最高。不过，相对来说，报刊社的月薪水平最高，月薪低于 5000 元的占比最低，月薪超过 8000 元的占比最高；出版类民营公司的月薪水平最低，月薪低于 5000 元的占比最高，月薪超过

8000 元的占比最低。出版类民营公司的种类较多，如策划出版公司、排版校对公司、发行推广公司、新媒体技术公司等，这些单位有些规模较小，营收能力不如国有报刊社和出版社，如表 2-18 所示。

表 2-18　不同单位类型出版人月薪分布占比

地区	小于 3 000 元	3 001—5 000 元	5 001—8 000 元	8 001—12 000 元	12 001—15 000 元	大于 15 000 元
报刊社	2.56%	20.46%	36.83%	28.13%	7.16%	4.86%
出版社	3.67%	25.74%	38.20%	22.70%	5.88%	3.81%
其他公司	6.25%	26.34%	37.05%	18.75%	6.25%	5.36%
出版类民营公司	2.33%	36.60%	39.39%	14.92%	3.50%	3.27%

如图 2-16 所示，年终奖方面，出版社年终奖覆盖面和金额均最高，有 88.79% 的员工享有年终奖；出版类民营公司年终奖覆盖面和金额均最低，有 71.56% 的员工享有年终奖。福利方面，出版单位普遍提供的福利主要包括体检、补贴、带薪休假、节日慰问金等。不同的是，出版社提供补充性保障的比例最高；报刊社解决事业编制的比例较高，因为大多数的期刊社仍然没有转企改制；出版类民营公司提供旅游福利的比例高于其他三种单位，比较重视情感福利。综合月薪和年终奖来看，曾先后在报社、出版社、期刊社工作过的采访对象 5（编辑）表示，出版社的薪酬待遇相对更好。

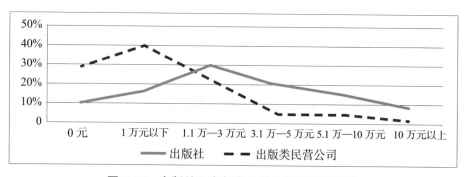

图 2-16　出版社和出版类民营公司年终奖比较

（4）发展战略

出版单位的发展战略决定了其薪酬机制。访谈对象 1（大学出版社人力资源部主任）认为，出版单位的发展战略可以分为市场化程度高和市场化程度低两类。市场化程度高的出版单位以市场类出版物为主要产品，更关心消费者的需求，更依赖市场销售渠道，营收状况受市场影响较大，如中信出版集团和大部分民营图书公司等。这类单位对员工开拓市场的能力要求更高，在薪酬制度方面更强调对员工个人的激励，能力强的员工有机会获得高额的收入，能力差的员工则可能收入很低。市场化程度低的出版单位是指依赖某个行业资源开展业务、作者资源和销售渠道较为固定、受市场变动影响较小的出版单位，比如大学出版社、学术期刊等。这类单位更看重团队配合，强调协同作战，在薪酬制度方面会对部门进行整体考核，收入稳定且员工之间差别不大，绩效增长对薪酬几乎没有影响。虽然市场化程度低的出版单位也有出版市场书的编辑部，但这部分业务在单位经营中占的份额很小。并且，单位主要销售渠道布局倾向于服务非市场书，因此做市场书的编辑也很难取得较大的销售成果，获得高额薪酬的机会比较少。

访谈对象 3（从上市出版集团跳槽到大学出版社）表示，两种薪酬制度没有好坏之分，市场化程度高的单位的平均收入水平与市场化程度低的单位相差不大。市场化程度高的单位适合抗压能力强、个人资源和能力特别突出的出版人，市场化程度低的单位适合稳扎稳打、细水长流型的出版人。

2. 微观因素

一般出版单位均制定了具体的薪酬福利指标，如岗位、学历、职称、工作年限、绩效等。在同一单位内部，员工享受的福利基本相同，不受微观因素影响。

（1）岗位

以岗位定薪是薪酬管理的基本方式，即对不同等级的岗位进行"定价"。出版单位的岗位一般分为管理岗、行政岗、编辑岗、营销岗、技术岗。如表 2-19 所示，管理岗和技术岗的月薪在 8001—12 000 元的占比最高，行政岗、编辑岗、营销岗的月薪在 5001—8000 元的占比最高。管理岗的月收入最高，月薪超过 12 000 元的人数占比高达 30.40%，行政岗、营销岗、编辑岗月薪差距不大。访谈对象 1（大学出版社人力资源部主任）表示，出版单位内同一层级的编辑、营销、行政岗位工资相差不大，而同一岗位内部会划分不同的等级来区别薪酬，比如一级编辑和三级编辑的岗位薪资不同。这样既保证了各个岗位之间的薪资平衡，又在岗位内部起到激励作用。访谈对象 2（部委出版社校对员）也表示，单位内部为了平衡校对和行政之间的收入差距，对校对的文字加工量设置了上限，超过的部分不再增加绩效奖励。

表 2-19　不同岗位出版人的月薪占比

岗位	小于 3 000 元	3 001— 5 000 元	5 001— 8 000 元	8 001— 12 000 元	12 001— 15 000 元	大于 15 000 元
管理	0	6.17%	26.43%	37.00%	14.10%	16.30%
技术	6.67%	20.00%	26.67%	30.00%	3.33%	13.33%
行政	7.23%	30.12%	39.76%	16.87%	3.61%	2.41%
编辑	3.56%	29.08%	39.28%	20.56%	4.96%	2.56%
营销	6.85%	26.03%	42.46%	13.70%	4.11%	6.85%

从年终奖来看，管理岗的薪酬水平最高，其次是技术岗，营销岗、编辑岗、行政岗的薪酬水平差距不大。管理岗中超过半数的人年终奖在 3 万元以上，18.06% 的人年终奖在 10 万元以上。编辑岗中 29.6% 的人年终奖在 3 万元以上，4.43% 的人年终奖在 10 万元以上。管理岗和编辑岗年终奖对比如图 2-17 所示。

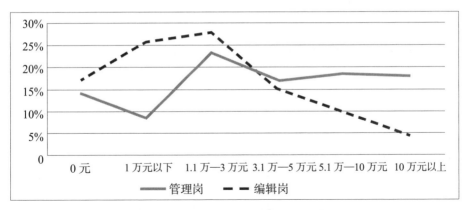

图 2-17　管理岗和编辑岗年终奖对比

（2）绩效考核

从调查结果来看，出版单位的绩效考核办法普遍为：对文稿编辑和校对考核文字加工量，对策划编辑考核码洋，对营销人员考核销售额和回款，对行政人员和技术服务人员无具体考核指标。

从实际情况来看，出版单位一般对文稿编辑和校对的文字加工量设有上限，超出的部分没有超编费，这在一定程度上为编校人员的绩效收入设定了天花板。访谈对象 2（部委出版社校对员）和 6（地方出版社项目编辑）均表示他们会通过做兼职审校来赚取外快。他们认为目前对文稿编辑和校对的考核方案不合理，应当综合数量和质量两个指标，科学设计绩效考核机制。策划编辑和营销编辑作为重点激励对象，有机会获得高额收入。但是不同单位对绩效考核办法的落实情况不同，策划编辑和营销编辑获得绩效的情况也不同。访谈对象 3（学科编辑）表示，某上市出版集团一般以月或季度为考核段，根据市场销售情况实时发放相应绩效；而大学出版社一般以年为单位进行考核，平时按月发放固定的绩效奖金，年底结算后再补发一部分绩效。访谈对象 4（策划编辑）表示不了解自己的绩效考核办法，每月收入基本固定，每年年终奖会有小幅上涨，绩效考核没有起到激励作用。访谈对象 8（编辑）表示，虽然单位承诺按照业绩拿提成，但当有些策划编辑的绩效过高时，领导往往会找各种理由拖延兑现绩效，甚至打折兑现绩效。总体来说，出版单位普遍存在绩效考核落实不到位，对员工发挥的激励作用普遍不明显。

（3）学历

出版业中 95.45% 的人拥有本科及以上学历，专科及以下学历的人数占比仅为 4.55%。调查显示，初中学历月薪在 3000 元以下的占比最高，高中和专科学历月薪在 3001—5000 元的占比最高，本科、硕士学历月薪在 5001—8000 元的占比最高，博士学历月薪在 8001—12 000 元的占比最高。由此可见，学历与月薪收入呈正相关，年终奖数据也呈现出这样的规律。

值得注意的是，硕士学历在出版行业没有明显优势，收入水平仅略高于本科学历。这主要是因为，出版业中本科学历（46.08%）和硕士学历（45.72%）人数相当，从事的岗位差别不大。而博士学历在出版业中人数少，仅占 3.65%，一般处于较为重要的岗位，因此月薪在 12 000 元以上的占比最高，年终奖金额在 3 万元以上的占比最高。不同学历出版人的月薪占比如表 2-20 所示。

表 2-20　不同学历出版人的月薪占比

学历	小于 3 000 元	3 001— 5 000 元	5 001— 8 000 元	8 001— 12 000 元	12 001— 15 000 元	大于 15 000 元
初中	100.00%	0	0	0	0	0
高中	0	50.00%	25.00%	25.00%	0	0
专科	5.61%	41.12%	33.64%	14.02%	3.75%	1.86%
本科	4.18%	30.69%	37.31%	18.58%	5.58%	3.66%
硕士	2.72%	23.00%	39.89%	24.78%	5.45%	3.96%
博士	0	6.59%	31.87%	36.26%	13.19%	12.09%

（4）工龄

调查显示，出版人的工龄普遍在 30 年以内，工龄超过 30 年的占比仅为 1.76%。工龄在 30 年以内的出版人中，不同工龄段的出版人月薪均为在 5001—8000 元段的占比最高。年终奖方面，从业 5 年以内的出版人的年终奖在 1 万元以下的占比最高，从业超过 5 年后均有明显增长。

如表 2-21 所示，总体来看，工龄在 5 年以内的新人收入最低，这在一定程度上削弱了新人的工作积极性，导致新人离职率较高。当工龄超过 5 年，出版人的月薪会有明显增长。而工龄在 11—20 年、21—30 年的员工月薪和年终奖差距都不大，增长不明显，这在一定程度上会导致老员工的职业懈怠和中坚力量的离职。

表 2-21　不同工龄出版人的月薪占比

工龄	小于 3 000 元	3 001—5 000 元	5 001—8 000 元	8 001—12 000 元	12 001—15 000 元	大于 15 000 元
小于、等于 5 年	6.36%	38.53%	39.67%	13.18%	1.70%	0.56%
6—10 年	2.57%	28.89%	38.85%	22.63%	4.49%	2.57%
11—20 年	1.46%	16.05%	37.67%	28.51%	9.81%	6.50%
21—30 年	0.53%	12.77%	32.44%	30.85%	10.11%	13.30%

（5）职称

调查显示，出版人中 23.42% 为无职称，8.48% 为初级职称，46% 为中级职称，17.76% 为副高级职称，4.34% 为高级职称。对比月薪来看，无职称和初级职称的出版人的月薪普遍为 3001—5000 元，中级职称和副高级职称的出版人的月薪普遍为 5001—8000 元，正高级职称的出版人的月薪普遍为 8001—12 000 元，如表 2-22 所示。

表 2-22　不同职称出版人的月薪占比

职称	小于 3 000 元	3 001—5 000 元	5 001—8 000 元	8 001—12 000 元	12 001—15 000 元	大于 15 000 元
无	7.72%	40.82%	34.99%	11.15%	3.09%	2.23%
初级	3.79%	45.50%	36.98%	12.32%	0.47%	0.94%
中级	2.71%	24.80%	42.01%	22.96%	4.98%	2.54%
副高级	0.45%	10.41%	35.75%	33.93%	10.86%	8.60%
正高级	0.93%	3.70%	25.00%	37.03%	16.67%	16.67%

随着职称的晋升，月收入会有明显提高。访谈对象 7（大学出版社质检主任）表示，当从副高级职称晋升为正高级职称后，月收入增长了 1200 元左右。这说明职称对月薪的影响较大。

对比年终奖，无职称和初级职称的出版人年终奖在 1 万元以下的占比最高，而中级职称、副高级职称、正高级职称的年终奖在 1.1 万—3 万元的占比最高，说明职称对年终奖有一定影响。不过，值得注意的是，3 万元以上的年终奖段，副高级职称高于正高级职称。这也许是由于转企改制后，更多出版单位的年终奖直接与市场效益挂钩，副高级职称的员工处于事业上升期，位居单位的核心业务岗位，创造的效益更大，获得的绩效奖金更多，年终绩效更多体现在工作业绩上。这一点可以认为是出版单位转企改制后对薪酬体系的市场化改革。

综上分析，以岗定薪确立了单位内部的横向和纵向薪酬体系，横向岗位薪酬遵循公平原则，纵向岗位薪酬遵循激励原则。出版单位虽根据岗位特点设定了不同的绩效考核办法，但是绩效考核方案的科学性、可操作性、落实程度都有待加强。职称对薪酬影响明显，工龄和学历对薪酬影响不明显。

（四）讨论与建议

在实际调查和研究过程中，因受各种条件所限，部分结论与实际情况存在一定差距，期待后续以更加科学和合理的方法进行补充完善。第一，由于调查问卷通过微信公众号投放，受调查载体和公众号接触用户属性限制，参与调研的对象主要集中在中青年出版人及图书编辑群体，研究对象在年龄段、地区、类型的分布上不够均匀和合理。第二，问卷本身设计还存在改进空间，例如薪酬设计数值段区间较大，不能精确反映出版行业不同岗位的薪酬差异；结构化问题设计较多，开放性问题设计较少，难以发现薪酬福利待遇背后更多差异化的原因等。此外，由于长期以来出版企业普遍缺乏公开透明的薪酬福利体系，薪酬福利涉及访谈对象的隐私和出版机构的商业信息，出版从业者对从业机构薪酬福利制度缺乏全面了解，访谈对象提供的内容存在不充分、不饱满、不丰富、程式化的情况。

结合问卷调查反映的问题及分析结果，我们对当前出版业薪酬福利体系提出如下改进建议。

第一，传统出版创新转型刻不容缓，增加效益才能提高收入、留住人才。和外部竞争对手相比，出版业的薪酬水平缺乏竞争力。受出版业发展情况的影响，出版人的收入水平普遍不高，与新媒体等内容产业有一定差距。转企改制后，出版单位原有的编制、户口、住房、子女教育等优势福利逐渐减少，一定程度上削弱了出版业对人才的吸引力。出版业个人收入水平与行业整体效益密切相关，传统出版业目前已经进入衰退期。出版业数字融合发展工作开展多年，部分出版机构已经初显成效，同时互联网商业模式的发展已经进入下半场，线上和线下进一步融合互联，传统出版业应抓住机会，积极调整产品结构，大胆推进数字出版业务，开辟利润增长空间，迅速融合新兴业态，走高质量、可持续、创新发展的道路。只有单位提高经济效益，员工的薪酬福利才能提高，稳定的人才队伍才能形成。

第二，绩效考核偏平衡保守，薪酬体系有待优化落实。当前出版业薪酬福利体系沿袭"事业单位、企业化管理"的痕迹仍然明显，即使完成转企改制后的出版单位也还带着事业单位的文化烙印，过于强调公平性，缺乏激励性。"干多干少，干好干坏，收入差距不大"是很多单位的写照，虽然这种强调收入稳定的薪酬制度会增加从业人员的安全感，但是也容易形成懒惰懈怠的工作氛围，影响出版业的活力，导致优秀人才流失。同时，很多高校出版社、部委出版社或报刊单位虽然已经完成转企改制，但仍然或多或少受到主管单位薪酬和考核体系的限制，尚未完全发挥出市场主体的能动性。很多学术期刊、专业期刊甚至还保留着事业单位身份或者参照事业单位管理，薪酬福利体系完全参照主管单位执行，行政化、事业化色彩浓重，人才队伍无法吐故纳新，市场意识淡薄，直接影响了单位效益和员工薪酬。对于完全企业化的出版单位，应当科学制定绩效考核方案，进一步优化考核方式，加大薪酬福利体系的透明程度，缩短绩效考核的时间，增加员工对薪酬福利体系构成要素的理解，明确绩效考核指标，按时兑现绩效奖励，真正发挥绩效考核的作用。

第三，福利保障方式单调陈旧，支持手段有待创新。福利保障也是企业薪酬福利体系的重要组成部分。过去出版单位的福利注重物质性保障，比如早期的单位福利主要是鸡鸭肉蛋、卡券用品，随着时代的发展，有些单位开始组织旅游团建、体检等，福利的功能也从传统单一的物质性保障向企业文化建设、增强团队归属感和凝聚力方向发展。

问卷显示，62.63% 的出版人是因为热爱图书和出版事业而入行的。虽然近年来出版业的待遇与很多新兴的文化产业相比逐步走低，但整体来讲，出版从业者队伍仍保持着基本稳定，主要是出版企业的书香氛围和良好的团队文化发挥了重要作用。但随着时代的变化以及"90 后""00 后"渐渐进入职场，依靠传统福利方式很难增加出版单位的凝聚力和吸引力。因此出版单位应重视提炼"文化气息"，同时结合形势发展创新人才队伍建设方式。在福利方面可以多增加情感激励、荣誉激励、成长激励等精神性的文化福利，增强员工凝聚力；也可以针对员工需求，推出下午茶、健身房等更符合年轻人趣味的消费性福利；还可以开展形式更多元的团建活动，例如在单位内部开展业务评奖评优活动，给予老员工更多人文关怀和情感回报，为优秀员工提供更多学习和进修的机会，等等。

（本文发表于《现代出版》2021 年第 2 期，执笔人：程晶晶、赵玉山）

七、出版人才队伍培养研究报告

在新中国出版事业的诸多因素中，起决定作用的归根结底是人的因素。特别是党的十九大把人才战略作为国家发展必须坚持的七大战略之一，这是中国特色社会主义进入新时代后党对人才工作的新定位。同样，出版业如果没有一支忠于人民的队伍，中国特色社会主义出版事业就不可能取得今天这样伟大的成就。

新中国成立以来，党和国家一直把人才培养作为出版事业的第一要务来建设，未来文化复兴、民族复兴，同样需要建设一支素质优良的出版队伍。70多年来，中国出版队伍的人才培养和中国特色社会主义建设事业一样经历了艰难起步、恢复壮大、调整优化、深化发展的不同阶段。概括起来可以分为三个主要阶段：新中国成立后到改革开放前，是我国出版队伍艰难起步建设阶段；改革开放后到党的十八大召开前，是我国出版队伍恢复壮大发展阶段；党的十八大召开后到现在，是我国出版队伍新时代调整优化阶段。

21世纪以来，在党中央、国务院颁布的各项人才发展战略指引下，国家新闻出版行政管理部门也非常重视行业人才队伍建设，相继颁布了出版人才工作的专项培养规划，如《2005年—2010年全国新闻出版（版权）人才工作纲要》《新闻出版业"十二五"时期人才发展规划》等，在这些顶层设计的制度下，新闻出版行业人才队伍的建设和培养得到了稳步发展，取得了前所未有的成绩。

国家年度新闻出版产业分析报告统计，当前，全国从事传统新闻出版行业的从业人员包括：图书出版业7万人左右，期刊出版业10万人左右，报纸出版业20万人左右，出版物发行业57万人左右，印刷复制业310万人左右，全行业大概有400多万从业人员。加上新型数字出版、网络传播的工作者，出版人才队伍规模就更为庞大了。从结构上看，这支队伍既有一大批知识渊博、经验丰富的高级专家，也有基层岗位上数以万计知识丰富、业务娴熟的实践人员；既有管理经营、图书编辑、新闻采编等文化工作者，也有扎根一线、勤勤恳恳的技术工人……正是这支庞大而又富有活力的队伍，为新中国成立以来数以十亿的广大读者提供了丰富的精神食粮，谱写了社会主义文化繁荣与发展的伟大篇章。

（一）新中国成立初期出版业人才队伍的培养与成就

1. 人才建设和培养从实践最紧缺专业的各类培训班开始

新中国成立后，新兴的出版业从无到有、从小到大迅速形成和壮大。搞好出版从业人员的队伍建设，尤其是加强出版从业人员的教育和培训，是出版事业持续发展的重要保证。出版业在基础薄弱，经费困难，从业人员成分复杂、素质较低的情况下，必须尽快统一思想、提高文化素质，形成人才队伍规范管理、提高技能、普及文化的政策和制度。

新中国出版总署（1949—1954年）成立后专设出版干部司，下设教育处，统一领导全国出版教育和培训工作。这一管理机构的设立，标志着新中国出版教育事业和人才培养管理工作进入崭新的阶段。尽管国家出版管理部门几经调整改革，但这一管理思路基本延续至今，为新中国出版行业人才培养和专业教育发挥了重要作用。

各行各业百废待举，出版业同其他行业一样，最缺乏的是人才，特别是管理干部和一线编辑、印刷技工、发行人才更是严重缺乏。当时出版总署署长胡愈之对此具有深刻的认识，他在不同场合多次谈到："由于我们的出版事业发展得太快，最后都碰到干部不够的问题。发展人民出版事业目前最大的难关是干部问题，我们希望出版界和政府合作进行在职干部的政治教育业余训练。"

提高一线工作人员实践技能，最有效的办法就是举办短期培训班。新华印刷厂按照地区分区方式开办艺术学校和技工训练班，招收具有初中同等学力的青年，以适应印厂大量的需求；新华书店分局开办短期发行训练班，训练初中毕业生，轮训在职干部；中央一级国有出版社以带徒弟的方式培养训练高中毕业生；专业化出版社加大与机关部门和人民团体的联系，同时与相应的主管部门、业务对口的专业部门合作培训职工；发行部门则选派干部主动深入农村合作社、工厂图书馆、工会协会、青年社团，有计划、有组织地学习基层业务知识。同时，总署也积极和各级各类出版机构、印刷厂和新华书店等部门按照因地制宜、自主培养的原则，积极开办了形式多样的业务训练班。

2. 积极筹划启动正规办学，推进人才培养和队伍建设

短期训练班、学习班和带徒弟培养形式只能满足基础实践人才的需要，而具有较高政治水平的高级出版干部和较强编译、技工能力的出版人才培养，还得依靠正规办学形式来完成和保障。出版总署在 1951 年成立了"出版干部训练班"，不久改为"出版干部学校"，负责任职干部的调训，培养了一批理论水平较高的出版干部。1953 年上海印刷学校成立，成为我国第一所为出版发行系统培训专门人才的专科学校，开始有计划、按学制培养基础扎实、技能精湛的出版人才。

同时，这一时期出版总署与教育部、人事部等部门联系，力图在大学设立专门的科系，甚至设想成立专门的出版高等学校，实现人才集中培养和统一分配。出版总署提出，"希望自 1953 年起在北京大学和复旦大学开办新闻出版系，每年招收新生 400 人"。文化部党组也曾在给中宣部的报告中提到调一部分地方出版社的编辑干部到人民大学，开设新闻出版专业进行较长期的深造的计划。1958 年 8 月，文化部文化学院成立，设置了出版、文物、印刷、发行、群众文化等专业，开始系统培养相应的后备人才。

考虑到对外宣传和引进国外先进文化交流的需要，出版总署还指定由大学外文系、外国语学校为相关部门培养外文干部。积极组织选派优秀分子出国到苏联留学，学习出版贸易及印刷艺术等专业知识，加大了对出版高级人才的培养力度。

总的来看，这一阶段出版人才培养的特点如下。第一，学习教育以改

造思想为重点。因为刚刚集中统一起来的出版队伍，不仅文化素质较低，而且思想观念存在着明显的差异，思想观念和政策理论水平教育成为出版教育的重点。第二，培养人才侧重基础技能，注重实践和应用。根据当时的国情和出版行业的实际发展，编辑印制和发行系统各部门各层次都需要大量熟悉基础技能的出版人才。在此基础上不断提高出版教育的内容层次和教育内涵，积极探索在高等院校设立新闻出版编辑相关专业。第三，新中国成立后，我国在很多方面学习借鉴苏联建设社会主义经验，因此培养俄语人才、出版大量俄语图书，满足社会需求也是当时出版事业的重要任务，俄语人才在这一时期的高级人才队伍建设培养中独占鳌头。

3. 正规教育和业余教育相结合的"两条腿走路"人才建设方针

20 世纪 60 年代前后，随着新中国成立以来出版各项事业的稳步发展，出版业的人才培养也逐步由初期应急状态下的短期培训、集中培训逐步向正规教育和业余教育相结合的"两条腿走路"方针转移。

有条件的印刷企业相继开办了培养在职职工、不脱离生产的业余学校、夜大学等，组织职工学政治、学文化、学技术。以上海为先，北京、辽宁等各省市纷纷创办了印刷专科学校或者培训班。一些地区的出版部门和有条件的印刷厂还创办或在厂内附设半工半读的印刷技工学校，招收初中毕业生，半天生产、半天学习，培养专业技术工人。

新华书店方面，也开始了正规教育的探索。一些地方也陆续组建了培训发行干部的机构，如上海图书发行学校、山西图书发行学校、广西图书发行学校、辽宁省新华书店举办的科技图书发行专业训练班。北京发行所和外文发行所经文化部报教育部批准，先后创办了图书发行职业学校和半工半读的专科学校，面向高中毕业生、学制两年，开始了出版发行专业正规专科教育的探索。

同时，行业机构开始更加注重高级专业人才的培养。中华书局委托北京大学中文系设立古典文学专业，开始培养整理古籍的编辑人才；中央美术学院装潢美术系受文化部出版局委托，在京、津、沪三地举办装帧工作研究班，为出版社培养多名装帧设计人才；文化部创办设立了文化学院，开设进修班和研究班，专门培训编辑、出版、印刷专业干部。1961年文化学院停办后，印刷系陆续迁入中央工艺美术学院，到1965年共招收了四届本科生，为后期北京印刷学院成立奠定了良好的基础。

20世纪60年代初，各出版单位贯彻落实中共中央知识分子问题会议精神，普遍加强了知识分子培养工作，对编辑出版知识分子适当改善了工作条件、提高了待遇。部分出版社还在本单位编辑人员中自行评审专业职衔，这些措施调动了出版队伍的工作积极性。很多出版社内部互相学习、共同提高蔚然成风。有的出版社为鼓励编辑出版人员学习进步，还积极举办书刊质量展览会或编辑经验交流展览会。出版人才队伍建设和培养迎来新中国成立后的较好局面。

20世纪60年代中后期，出版队伍人才的培养陆续受到了影响，一些出版界人才受到各种冲击，一大批专业人员被迫离开出版队伍，编辑队伍受到较大损失。"文化大革命"开始后，职业学校停课、培训工作完全停顿、许多专业学校相继停办，出版事业遭到严重的摧残和破坏，出版人才的培养和专业教育的发展陷入停顿。

（二）改革开放以来出版业人才队伍的培养与成就

改革开放后，出版业进入快速发展阶段，对专业人才的需求急剧增加。在中央的关心下、在社会各界的共同努力下，我国出版专业中等学校建设重新步入轨道，高等教育迎来了重要发展时期，全国各地成立的出版科研机构为出版业提供了良好的平台，出版界群众团体与各级机构也坚持举办各种培训班、研讨会，采取集中轮训、出国研修等多种方式培训各级各类人才。21世纪前后，国家相关部门颁布了《中国出版工作者职业道德准则》，加强了出版队伍的基本职业准则和道德规范，同时启动和探索建立出版职业资格认证和持证上岗制度。出版业人才队伍建设和培养进入了新的历史时期。

1. 成人教育与培训是人才培养的基本手段

改革开放以来，出版专业教育和人才培养的复兴首先是从 20 世纪 70 年代末期至 20 世纪 80 年代中期成人教育与培训开始的。1983 年 6 月，中共中央、国务院《关于加强出版工作的决定》中提出"加强出版队伍特别是编辑队伍的思想建设、组织建设和业务建设，培养一支革命化、年轻化、知识化、专业化队伍"的要求，并指出"目前编辑队伍专业骨干缺少，老化现象严重，知识水平跟不上科学文化的新发展"，"充实调整和培训提高编辑队伍是当务之急"。

为解决当时出版队伍人才青黄不接、后继乏人的现象。政府机关、出版机构和各种协会团体都举办了各种形式的培训班。有的出版社延续原来的传统有效的办法，举办编辑业务学习讲座、安排编辑人员脱产学习进修、实行单位内部以老带新、推行新岗位责任制等，鼓励编辑人员参加有关学术活动，安排骨干人员出国进修或者考察，这些方式得到了延续并推广。中国出版工作者协会成立后，经常在全国各地组织各种类型的编辑出版人员培训班，如科技编辑干部读书会、文艺编辑干部读书会、少数民族干部读书会、辞书编辑研究班等。还有各种业务知识讲座。据不完全统计，仅中国出版工作者协会在 1980—1986 年举办的培训班就有 50 多期，培训人员 3000 多人。此外，国家出版局和国家版权局还举办了中国标准书号培训班、外文翻译编辑读书班。全国书刊统计微机管理系统应用学习班等。

新华书店总店讨论制定了《全国新华书店发行人员轮训规划》，计划在三四年时间内把全国新华书店工作人员普遍轮训一遍，并明确了各级书店分工和开展的具体措施。新华书店总店为此还颁发了《全国新华书店业务技能考核规范》，对每项业务技能制定了具体的考核办法，为各地书店培训职工提供了条件。

新华书店还积累了丰富的人才培养经验。首先，统一编写教材，重视师资质量。新华书店总店组织各方面的力量陆续编写出版了《农村发行工作》《门市工作》《进货工作》《科技书发行》《图书宣传》等十多本业务教材。省级新华书店先举办师资培训班，结合总店编写的培训教材，采用精读教材、相互交流、联系实际等办法，学深学透，然后担任基层队伍的培训老师。其次，着眼实际工作，针对工作内容，开展分类培训。各地在实际培训过程当中，结合当地实际情况，针对不同类别的学员，制定不同的培训内容。有的地方集中精力办经理业务培训班，主要讲授如何进行企业管理；有的地方举办新手岗前培训，对新职工入岗之前进行业务知识和技能训练；有的地市为了加强图书宣传，专门举办为期半年的美术学习训练班；有的省市还开展了专门的财会人员培训班。边疆少数民族地区的书店，还专门开展了少数民族地区业务培训班。为了培养管理干部和中青年骨干力量，1985 年 3 月，新华书店总店与日本出版贩卖株式会社达成协议，选拔了 11 名年轻职工分两批到日本进行为期三个月的短期研修，加大了国际人才的交流和学习。

全国印刷系统职工的技术培训也取得了很大进展。到 1990 年，全国 14 个省市书刊印刷工人的中级技术培训任务基本完成，其他省市的培训也完成了 50% 左右。到 20 世纪 80 年代末期，以技术培训为主的培训工作基本结束，从 20 世纪 90 年代初期开始，出版人才队伍建设和培训的重点开始转向岗位培训。

2. 逐步健全的学历教育是人才培养主要途径

改革开放之后，为了改变出版人才特别是中等技术人才严重不足的局面，除了恢复中等专业学校、技工学校，许多地方还成立了职业高中。例如北京市将第五十八中改为印刷职业高中，浙江省杭州市、黑龙江省哈尔滨市、内蒙古自治区呼和浩特市也相继设置了印刷职业高中班。中等职业教育得到迅速的恢复和发展，到 21 世纪初，全国有出版类中等学校 25 所，基本遍布全国各省、自治区、直辖市。

1981 年 2 月，国务院下达《关于加强职工教育工作的决定》，这一背景下编辑出版高职高专教育有了新的发展。1987 年 12 月，国家教委在上海印刷学校的基础上，批准建立上海出版印刷专科学校，设有出版、印刷、美术三个系。后改名为上海出版印刷高等专科学校，以就业为导向形成三大专业群，2008 年被新闻出版总署授予"技能人才培育突出贡献奖"，成为国家示范性特色高职院校。此外，江西新闻出版职业技术学院、安徽新闻出版学校是我国这一时期最有特色的三所新闻出版类高职高专院校，也是出版印刷专业产学研一体化职业教育培训基地。

高职高专本身侧重于技术技能和专业素养的培养，因而在教学目标上更侧重于培养服务本地区的技术工人和专业职工。因此，从教学内容上看，集中在出版印刷和发行领域，专业主要为电子出版技术、出版信息管理、版面编辑与校对、出版与电脑编辑技术、印刷图文信息处理以及出版与发行等类似专业，主要涵盖校对、出版、印刷、发行等多个专业。因此在相当长的时间里，高职高专是编辑出版专业人才培养的主力军，全国所有的高职院校，有超过一半的学校设置了与出版有关的专业或者方向。

编辑出版专业本科教育先从印刷开始、扩展到发行，然后是编辑。1978 年 12 月 28 日，国务院批准在中央工艺美术学院印刷工艺系基础上成立北京印刷学院，由印刷专业启动的我国正规的编辑出版本科高等教育从此全面展开。1983 年 4 月，教育部同意武汉大学在图书馆系设置图书发行专业。经过 30 多年建设，该专业已经成为我国高校编辑出版教育特色品牌专业。1984 年 7 月，南开大学在全国首先试办编辑学专业，培养社会科学编辑，学制 4 年，被认为是改革开放以后，我国编辑专业高等教育的开端。由此开始，编辑、印刷、发行三大出版专业构成的我国编辑出版本科教育正式掀开新篇章。1998 年，教育部颁布《普通高等学校本科专业目录》，将编辑学本科专业和图书发行学本科专业整合为编辑出版学专业，列在新闻与传播学之下作为独立二级学科进入目录。将学科培养目标概括为"具备系统的编辑出版理论知识与技能、宽广的文化与科学知识，能在书刊出版、新闻宣传和文化教育部门从事编辑、出版、发行的业务与管理工作及教学与科研的编辑出版学高级专门人才"。本次本科专业目录的调整，也确定了编辑出版学应有的地位。到 21 世纪初，全国开设编辑出版专业本科大学达到 27 所。

1986 年，河南大学依托汉语言文学专业硕士点招收了我国第一届编辑出版专业方向硕士研究生。武汉大学、清华大学、南京大学、北京大学、北京印刷学院、北京师范大学、复旦大学等高校也相继依托相关专业招收了编辑出版学方向硕士研究生。1998 年，国务院学位委员会批准河南大学和北京印刷学院联合开设编辑出版学硕士学位授予点，开创了编辑出版专业研究生教育的新阶段，标志着编辑出版专业正式独立设置硕士研究生学位教育。2003 年前后，武汉大学、北京大学、北京师范大学等具有一级学科授予权的院校同样采取挂靠相关专业的办法，开始招收出版发行学、出版学、出版传播学专业的博士研究生。2010 年，全国出版专业学位教育指导委员会成立。同年，国务院学位委员会批准设立"出版专业硕士"学位，共有北京大学、南京大学、武汉大学等 14 所高校获得首批授权资格，标志着出版专业研究生教育正式列入我国研究生教育体系。

这一时期，编辑出版专业教育迎来了发展的黄金期，这主要是随着国民教育水平的提高和全民阅读的全面普及，文化消费呈现空前高涨，出版产业的迅速发展引起的人才大规模需求所促进的。改革开放后经过 30 多年的建设，编辑出版专业教育体系日渐完善、结构日渐健全、教材和课程体系逐步规范，教师队伍稳步扩大。到党的十八大召开前，我国高校编辑出版专业已经形成了专科、本科、硕士研究生、博士研究生教育相对完整的体系与格局。

3. 门槛准入制推进了行业人才评价的科学指标

为了加强对编辑人员的培养、考核、合理使用，1980 年 11 月，国务院颁布了《编辑干部业务职称暂行规定》。从 1981 年底开始，各出版单位陆续在编辑人员中开展了职称评定工作。1982 年 11 月，文化部出版事业管理局在北京召开了全国评定编辑业务职称的工作会议，要求各级出版部门把评定编辑业务职称的工作作为一项重要任务来抓。1986 年 3 月，中央职称改革工作领导小组转发文化部《出版专业人员职务试行条例》及实施意见，又对编辑人员职称做出了详细规定。出版专业人员的职称制度正式改为实行专业技术职务聘任制度。实施专业技术职务聘任制度使出版队伍的结构逐步趋于合理，促使编辑出版人员努力提高自己的思想政治素质和业务学术水平，调动了出版工作者为社会主义出版事业服务的积极性。1991 年 7 月，全国出版社社长经营管理研讨班在京举办，提出"有计划地培养一大批具有较好的政治素质，既懂图书编辑又懂图书经营的出版家"的目标。1994 年，新闻出版署明确了岗位培训和"持证上岗"制度的规定及细则。1995 年 5 月，新闻出版署在京举办的第一期全国出版社社长、总编辑岗位培训班，标志着我国新闻出版行业从业人员的在职培训从此走向了规范化、系统化、制度化的新阶段。新闻出版署随之制订了出版行业岗位培训的五年计划，尤其是 1996 年成立的教育培训中心承担起了在职员工的"全员培训"职能。除常规培训，自 1995 年起，新闻出版署还不定期组织各类专项培训，如出版政策培训、校对培训、辞书编纂培训等。

2001 年，人事部与新闻出版总署联合发文，出版专业技术人员职业资格考试制度开始实施并纳入全国专业技术人员职业资格制度的统一规划。出版专业技术人员职业资格实行全国统一考试管理，由国家统一组织、统一时间、统一大纲、统一试题、统一标准、统一证书。出版专业技术人员初、中级职业资格考试取代了初、中级职称评审。出版职业资格考试的推行，建立了出版行业从业主体队伍的准入门槛，逐步形成了职业入门评价客观公正的评价指标，促进了社会预备从业人员进入出版行业的水平和素质，加强了有关出版基础知识和实务方面的系统学习，保证了行业入职者的基本职业素养，为出版行业队伍的基本职业能力提供了基本保障和坚实的基础。

同时，根据原新闻出版总署《出版专业技术人员职业资格管理规定》《出版专业技术人员继续教育暂行规定》，各省出版局严格执行相关要求及规定，认真组织实施，出版专业技术人员继续教育培训工作渐趋完善、稳定，在时间设置、师资安排、课程结构上更加合理。

20 世纪 90 年代以来，出版行业的职业培训以岗位培训为核心，全国搭建了由原国家新闻出版总署教育培训中心牵头、全国各地新闻出版局培训中心分属的非学历职业培训机制，通过十多年的努力，基本完成了行业八大岗位两万余人的普及性培训任务，完成图书、期刊、印刷、新华书店等系统中高层管理者业务知识和管理的提升和训练。

4. 人才激励制度为人才培养提供了加速动力

自进入社会主义现代化建设时期以来，我国出版队伍的人员数量迅速增多，先进人物和模范事迹不断涌现，人员的政治与业务素质有所提高，好书琳琅满目，出版事业繁花似锦，为了进一步激励出版工作者，增强他们的事业心和社会责任感，以加强出版队伍的思想建设和业务建设。20 世纪 70 年代末期，中央和地方的出版行政机关、中国出版工作者协会以及各地版协、出版机构举办了一系列评选和奖励先进的活动。例如在全国发行系统和书刊印刷系统先后举办了先进单位集体和个人的评选活动，新华书店召开了全国新华书店表彰先进大会、文化部出版事业管理局召开的表彰大会。此外，在全国各地举办的多次优秀读物评奖活动中，责任编辑与作者同时得到奖励，对长期从事出版工作并作出积极贡献的出版工作者，出版行政机关也都予以表彰。开展这些活动，对激励出版工作者进一步增强事业心和社会责任感起到了良好的作用，有益于出版队伍的思想建设和业务建设。

荣誉和奖励是激励编辑出版人才的有效举措。特别是 1987 年 4 月，中国出版工作者协会决定设置出版界的最高荣誉奖——韬奋出版奖。此后，各类激励荣誉奖项逐渐设立。1992 年，中宣部组织开展"五个一工程"奖评选活动。同年，国家新闻出版署设立"国家图书奖"。各省新闻出版局每年都会举办各类图书奖、先进出版单位奖和优秀个人奖等评选活动。1997年，新闻出版署颁布《图书质量保障体系》，确立"奖惩机制"，设立优秀人员的制度标准，以调动编辑出版人员的积极性。制度化的荣誉激励着编辑出版人才在出版岗位上勤勉奉献。除政府性奖项，中国出版工作者协会、中国编辑学会以及各省版协等每年也进行评奖表彰活动。

人才工程是国家培养和选拔高端编辑出版人才的重要措施，一大批高层次的新闻出版行业人才被列入培养和评选对象。1995 年，新闻出版署成立跨世纪人才工程领导小组，旨在培养出版业的编辑、印刷、发行、行政管理等方面的跨世纪人才。1997 年，新闻出版署召开了署机关和直属系统的人才工程会议，设立人才培养的专项资金，制定《出版行业跨世纪专业技术人才选拔培养实施办法》，建立人才津贴制度。2007 年 1 月，新闻出版总署印发了《全国新闻出版行业领军人才遴选和培养实施办法》，"全国新闻出版行业领军人才"评选从 2008 年开始，每两年评选一次。进一步加强高层次人才建设的力度，培养选拔了一批适应国家新闻出版事业发展需要的领军人才。

5. 出版科研活动为人才培养创造了良好的氛围

1985 年 3 月，中国出版发行科学研究所成立，该所采取专业研究和业余研究相结合的原则，在全国连续召开出版科学学术讨论会，在积累资料、研究问题、寻找规律、探索理论等方面迈出了可喜的一步。与此同时，天津、湖北、浙江、黑龙江等省市也先后成立了出版研究所（室），上海、天津、湖南、安徽、河南、广东等地还相继建立了编辑学会、编辑研究会、出版研究会和图书发行研究会等学术团体和科研组织。这些机构举行了大量务实的出版科学学术讨论会、出版论文研讨会、图书装帧设计研究会、图书发行研讨会等。各地的出版研究活动方兴未艾，参加的人数日渐增多，出版科研的风气开始形成。

随着出版事业的发展和出版科研事业的兴起，为适应学术交流和经验交流的需要，20 世纪 70 年代末期以来，业界陆续创办了一批以编辑和出版为内容的专业性刊物，例如《出版工作》《出版发行研究》《编辑学刊》《编辑之友》《中国出版年鉴》等。全国各地出版行政管理机构及业务机构也创办了很多内部发行刊物，分别从理论学术业务指导和资料等方面，对工作中的重大理论问题和实际问题开展了积极的研究讨论，为行业高级人才培养和成长提供了良好的平台。

在专业图书出版方面，北京和山西分别在 20 世纪 80 年代成立了两个专业性出版社——中国书籍出版社和书海出版社，其主要业务是出版有关编辑出版方面的学术著作、专业业务书籍和有关基础知识读物。他们组织编写了"出版知识丛书""编辑丛书"，翻译出版了"国外出版译丛""国外编辑出版丛书"。其他出版社也出版了一些编辑出版方面的学术著作和业务书籍。这些书受到出版研究者和一线出版工作者的欢迎，推动了出版人才的成长。

随着各级出版教育专业的设置，从事出版教育科研活动的队伍也在逐步形成。据统计，到 20 世纪 90 年代，全国包括研究机构和学术界、教育界在内的专门从事出版教研的人员，大约已经有 300 人。出版界有一批富有实际工作经验和相当学术理论水平的从业人员，也在从事出版研究和出版教育工作。在整个出版理论研究中，编辑工作理论和编辑学的研究发展较快、图书发行研究工作开展较早，这一时期，新华书店系统和武汉大学图书情报学院发行专业在出版研究队伍建设方面领先一步，取得了引人瞩目的成就。

6. 群众团体为人才培养提供了良好的平台

群众团体在出版业队伍建设当中发挥着重要的作用。早在二十世纪五六十年代，出版工作者就渴望成立自己的群众团体，但由于当时条件不足，这件事情长期未能提到日程上来。直到 20 世纪 80 年代前后，中国出版工作者协会和中国印刷技术协会先后成立，此后数年间，全国多地相继成立了各地的版协和印协。业界还成立了上海市编辑学会、大学出版社协会、少数民族工作联谊会等出版群众团体。

中国版协为了开展某些专业性较强的业务研究和交流，还设立了一些专门工作委员会和专业研究委员会，包括科技出版工作委员会、学术工作委员会、教育工作委员会等，通过这些机构和组织开展了大量的工作。在组织干部培训和学习方面发挥了重要的作用，先后为在职干部举行短期读书班、研讨班、进修班。学习内容有编辑、出版装帧、发行管理等各种出版业务，还组织编写了一些业务教材，为培训干部和青年编辑成长提供了条件。中国版协还通过举行出版研究年会等广泛性的研究活动，促进了群众性的出版理论研究工作。从 1979 年起，中国版协多次组织派遣编辑人员出国学习，如赴英国参加编辑培训小组，赴日本参加联合国教科文组织的亚洲地区书籍生产培训班。这些培训拓宽了编辑队伍的国际化视野。

中国印刷技术协会成立以后，设有学术工作委员会、普及与教育工作委员会等多个工作机构。开展印刷技术教育，采取开办函授班、短训班和干部学习班、继续教育班，通过派人传授技艺等多种形式开展各个层次的印刷职工技术培训与技术交流活动。

综上所述，改革开放后，出版行业的各级各类社团组织纷纷成立。除了中国版协、中国印协，其他群众团体也都纷纷开展学术交流、课程培训、考察学习等多种形式的行业活动，在推动行业人才成长方面发挥了重要作用。

（三）新时代以来出版业人才队伍的培养与成就

党的十八大召开以来，出版业发展进入了快车道，特别是随着出版机构完成转企改制和市场化转型后，文化交流与出版贸易日益呈现全球化态势，出版载体日趋数字化，出版行业对于人才培养和需求提出了更高要求。特别是党的十九大以来，人民群众对精神消费需求的期待日益向高质量发展，传统出版产业迎来了百年未有之大变局，党和国家对于出版业的管理体制也随着文化体制深化改革进行了深度调整，我国的文化出版进入了新时代，出版人才的培养同样也步入新的时代，取得了新的成就。

1. 形成了较为完善的学历教育专业人才培养体系

学历教育已经成为培养编辑出版人才的重要途径，学历教育有三大职能：培养人才、发展科学、服务社会。学历教育一般分为专科、本科、研究生（包括硕士和博士）等不同层次的教育，根据人才培养的目标制订教学计划、组织教学内容、传授系统知识。学历教育培养的人才主要分为两类，一类是技能型人才，另一类是研究型人才。新中国成立以来，编辑出版专业的学历教育大致经历了人们感性模糊认识、积极呼吁建构推进、多方努力协同的不同阶段，目前基本形成了多层次、多类型、多结构，具有鲜明特色的编辑出版专业学历教育体系。

截止到 2019 年初，全国至少有 500 所高职院校开设编辑出版及相近的专业办学点，初步估算每年招收学生将近 5 万名；尽管出版学本科专业招生就业有波动，但整体仍保持上升势头，截止到 2019 年初，全国有近百所普通本科院校开设编辑出版学和数字出版专业，主要以二本院校和重点高校为主，预计每年培养本科毕业生 5000 余名。

截止到 2018 年 3 月，据各高校网上研究生招生专业信息统计，全国有近 60 所高校的 70 余个学术型硕士点招收出版类专业的研究生，全国共有 29 所高校获批出版专业学位硕士授权点。如果再加上其他相近专业硕士点招收"编辑出版专业研究"方向的 20 多所高校，全国每年招收出版专业各类硕士研究生在 1000 名以上。

目前编辑出版专业尚无一级学科博士点，大部分是放在相关专业下的二级学科，采取"借鸡下蛋"的培养方法。据不完全统计，全国目前至少 10 所高校开设了编辑出版专业相关方向的博士生培养，每年毕业博士生在 30 名以上。同时，一些高校或者知名出版机构通过独立或联合等方式，开展了编辑出版专业博士后流动站的建设，进一步推进了出版高级人才建设的层次。

我国编辑出版专业学历教育体系尽管起步晚，但整体发展态势良好。经过近 40 年的努力，编辑出版专业学历教育体系基本形成了相对完整的课程体系和教材体系的建设工作，包括专业课、选修课、公共课、实践课。各级各类学校在基本统一的课程体系内，根据办学实际及定位，形成各有侧重、各具特点的培养模式，全国共有从事编辑出版专业教育的师资队伍 3000 余人，形成了稳定成熟的教师队伍，专业设备与教学设施日渐改善，教学质量稳步提高。

当前我国出版专业学历教育已经形成了多层次、多方向、结构基本齐备的出版专业教育体系和人才培养教育体系。除高职高专外，设置编辑出版学专业和开设编辑出版学课程的高校已超过 200 所，涵盖我国大部分省、自治区、直辖市；每年专业培养各级各类学生 6 万人左右。无论是培养规模、学历层次，还是专业设置，均形成了特色，为我国从出版大国迈向出版强国奠定了坚实的人才基础。尤其近年来融合出版、知识服务趋势方兴未艾，各家高校也积极调整课程设置，与时俱进、进一步提高人才培养的针对性和实践性，体现了编辑出版专业学历教育作为一门新兴学科旺盛的生命力和蓬勃的朝气。

2. 形成了较为健全的非学历职业培养机制

新闻出版行业正处在由规模数量向质量效益、由传统业态向新兴业态、由出版大国向出版强国转型的阶段，因此培养一大批高素质的出版人才具有重要的战略意义，人才的培养既要完善和提高学历教育的质量和效益，更要完善在岗队伍和从业人员的培训机制。

为贯彻落实全国人才工作会议精神和《2010—2020 年干部教育培训改革纲要》要求，进一步促进出版从业人员整体素质的提高，各级新闻出版行政管理部门和出版机构组织开展了大规模的继续教育培训工作，目前基本形成了覆盖全行业、多形式、多层次、制度化的非学历职业培训机制，加强了新闻出版各级各类干部人才队伍的政治素养、理论水平、政策水平、法治意识和业务能力。

首先，各级出版行政管理部门直属的培训中心，各省、市、自治区新闻出版局，中国出版协会及其专业分会，中国编辑学会及其各省市区级编辑学会，大学出版协会，部分大型出版机构组织开展了多层次、全方位、有针对性的业务培训、政策培训以及各种学术论坛、交流会议，针对传统出版业务高质量发展、新人入职专业业务知识、数字出版专项计划、出版职业资格考前培训、图书选题策划等各级各类内容，开展了综合性、专题性、分享性、展示性等多种形式的人才培养和学习交流活动，收到了非常明显的效果。

其次，进一步完善和构建了出版行业的职业准入和岗位准入职业管理体系。出版专业是我国第一批纳入实施职业资格管理制度的专业。查阅公开信息可知，从 2002 年首次举行职业资格考试到 2018 年，全国共有约 21万人次参加了考试，有 8 万余人考试合格，取得了资格证书。以科学公平的客观评价系统对从业者进行职业资格入职评价，有利于促进相关预备人员加强出版理论和实务的学习研究，为其进入出版行业奠定了扎实规范的基础。

同时，为实施从业人员在岗登记注册制度，2008 年新闻出版总署颁布了《出版专业技术人员职业资格管理规定》，决定对全国出版单位从业人员实行职业资格登记管理，特别是对责任编辑实施注册管理制度规定。据国家出版行政管理部门统计，截止到 2017 年 10 月，全国累计通过登记注册的出版专业技术人员 66 598 人，其中责任编辑注册 62 345 人，资格登记 4163 人。同时，新闻出版行政管理部门，逐步加大对违规报刊、记者站等出版机构违规从业者的清理和劝退力度，探索开启了新闻出版从业人员的退出机制。

为进一步加强出版专业技术人员继续教育管理工作，2010 年 11 月，新闻出版总署颁发了《出版专业技术人员继续教育暂行规定》。对于在岗从业人员，按照国家专业技术人员每年接受继续教育的时间，应当累计不少于 12 天或 72 学时。出版业继续教育主要对出版专业技术人员进行政治理论、法律法规、业务知识、技能训练和职业道德等内容的教育活动，目的是促进出版专业技术人员坚持正确出版方向，不断增加、补充、拓展专业知识，提高业务技能，提高创新水平和专业技术水平。培训方式除了各级各类获得资格的高校、协会、专业机构组织的每年线下组织面授课程，新闻出版广电总局研修学院（培训中心）还组织开发了网络教育与管理系统，于 2006 年开发建设，目前上线 400 余学时，每年补充完善，基本形成了多层次、全方位的课程体系，从政治素质、专业能力和职业素养三方面开展从业课程远程学习。制度化的线下面授课程和线上课程相结合，每年基本保证了全国出版行业编辑岗位从业者全地区、全专业、全员覆盖的职业学习和培训机制的健全与落实。

出版业作为思想性、文化性、实践性高度结合的特殊行业，在职业资格准入、在岗登记注册、违规退出等国家制度的保障下，对于从业人员基本形成了岗前筛选、岗中培养和岗后评价的健全职业人才机制，保证了我国独具特色的出版人才队伍职业培养体系的质量和效果。

3. 形成了独特的"政产学研"相结合的培养模式

2011 年，原新闻出版总署颁布了《新闻出版业"十二五"时期发展规划》，明确提出要"发挥产学研机构人才培养作用，建立产学研战略联盟"，培养一大批出版人才。这一指导思想，既是对过去几十年来中国出版人才培养模式的概括，也是结合出版产业发展实践对未来出版行业人才队伍建设的指导思想。

无论是新中国成立初期新华书店发行系统、印刷系统和出版机构从思想文化、技术实用角度开展大规模的初期培训，还是新世纪以来国家行业管理机构主导建立的职业继续教育培训体系，都立足实践、从解决出版实践工作中的实际问题出发的，在注重实践工作的层面上，重点强调出版产业人才培养的思想性、政治性和把关性，突出出版人的守土有责、把关底线。特别是党的十九大以来，随着出版管理体制的改革，对于出版职业人才的培养，更是强调了思想政治的修养，高度体现了出版行业人才培养的特殊性。

从 20 世纪 80 年代中后期，我国编辑出版学正式发端建设，到党的十九大召开以来，目前全国获批出版专业硕士 29 所高校，代表着中国编辑出版学经历了 40 多年的建设和发展，已经形成了一个新兴学科，很多出版界的专家进入高校担任兼职导师，一些高校科研人员参与业界出版实践活动，产业界和高校教学科研形成了良好的互动。特别是全国出版专业学位教育指导委员会和高等学校出版专业教学指导委员会两个机构先后成立，进一步加强了教育行政部门和行业主管部门与高等院校的沟通和联系，为我国出版行业正规人才的综合培养搭建了良好的平台。

目前，许多高校与出版企业联合建立了出版人才培养基地，比如原国家新闻出版总署和国家新闻出版广电总局先后在上海理工大学、南京大学、北京印刷学院、北京师范大学、武汉大学等高校相继设立高级人才培养基地。一些学校与各地企业合作申办各级各类融合出版实验室、科技与标准实验室、产学研基地、创新人才培养平台。据统计，开设编辑出版专业的高校有一半以上有校外出版实践基地、实训室等产业实习教学内容与课程。例如北京印刷学院在80余个行业单位建立了学生"实践教育基地"。同时，高校在师资团队建设、课程建设、教材建设和实践教学等环节充分利用行业资源和行政资源，最大限度地实现"产学研政"资源整合，旨在培养出既紧密贴合出版实践需要的专业技能型人才，又兼具深厚理论基础的研究型人才。2015年10月，教育部、国家发改委、财政部联合下发了关于本科高校向应用型转变的指导意见，促进大学的人才培养和市场有机结合。为推动编辑出版专业向实践应用、产学研结合、深度培养新时代综合人才提供了新的机遇。

总之，在出版行业的人才培养探索上，经过70年来的不断总结，我国的新闻出版行业基本形成了独特的"政产学研"相结合、多维度的综合人才培养模式。其主要特点是充分发挥了社会主义新闻出版事业独特的意识形态，由政府统筹顶层设计、培养目标服务产业发展，根据出版实践促进专业学研，进一步指导出版产业实践。这种独特的"政产学研"密切结合的培养模式，大大推进了编辑出版队伍机构优化和综合素质培养，在当前数字化、国际化、跨界化的背景下，出版人才队伍"政产学研"相结合的培养模式的优势就更加鲜明和突出了。

4. 形成了一支全面综合的高素质出版队伍

新闻出版产业年度分析报告的相关资料显示，近年来随着文化体制改革的深度推进、新闻出版单位转企改制的完成，民营出版机构、高科技出版机构、新媒体出版机构如雨后春笋，发展日新月异，行业人才数量每年快速增长，全国新闻出版行业直接从业人数已经在 450 万左右。在这支庞大的文化人才队伍中，从类别来看，既有专业技术人员、经营管理人员，也有系统发行人员、印刷技术人员和版权贸易人员；从结构来看，既有高级管理人才、专业技术人才、数字出版人才，也有一线采编设计人才、市场营销人才、生产复制人才；从学历背景来看，从业人员日趋年轻化、高学历化、跨界化，大部分从业人员的学历达到本科及以上，一些传统出版机构中，研究生学历已经超过半数，高素质的综合队伍正在形成。相比改革开放前，这支队伍的数量规模、质量结构、学历层次都有了很大程度的提高，为新时期出版业的改革和发展提供了有力的保障和智力支持。

同时，人才队伍进一步向技术化、综合性、国际化方向提升。专业高校和专业机构积极拓展国际视野，通过访学、讲学、培训、进修、学术会议等途径，积极开展编辑出版教育与学术的国际交流与合作，促进了编辑出版教育的健康发展。例如，由北京大学现代出版研究所、台湾南华大学管理学院和河北大学新闻传播学院发起并主办的海峡两岸华文出版论坛，每年一届一题，已经举办十四届，增进了两岸华文出版的学术研究与产业发展；由中国、日本、韩国编辑出版组织合作轮流举办的国际出版学术研讨会，已经举办近二十届，对于促进我国高校编辑出版专业教育与研究起到了非常重要的作用。同时，出版专业人才的国际化开始逐步从"国际学术交流"向"国际联合培养"转变。例如，北京印刷学院先后与英国爱丁堡龙比亚大学、美国佩斯大学、澳大利亚堪培拉大学等多所国外高校开展了多层次、多形式的联合培养项目，带动了高层次人才的培养；河北大学新闻传播学院聘请美国高校教师定期为传播学硕士研究生授课，并举办学术讲座、选派青年教师赴美国高校进修学习，促进了专业出版人才的国际化成长。

随着数字出版成为世界出版的新形态，知识经济与信息经济的大发展，新技术、新媒介、新出版的发展，国家相关部门在"十三五"时期确定的重大人才建设工程和推进传统新闻出版业数字化转型升级、促进融合发展的战略举措，"数字出版千人培养计划"在2018年开始全面实施，标志着新闻出版领域拉开了基于未来数字内容产业发展需要大规模人才培养的帷幕。各级地方政府也在积极响应，结合各地产业发展推出了一系列新闻出版数字化领域人才需求和培养计划。这些举措对于推动行业数字化转型升级、促进融合发展具有重要的战略意义。

政府和行业通过各种方式选拔表彰了一大批领军人物和优秀出版管理者，通过对这些优秀人才的表彰、奖励与宣传，推动行业进一步形成尊重人才、重视人才、培养人才的良好风气。中国出版政府奖中的优秀出版人物奖（含优秀编辑奖）是政府关于出版人才方面的最高奖项，每三年评选一次，已连续组织评选4届。新闻出版总署"十一五"以来组织实施的全国新闻出版行业领军人才工程，评选行业各领域最高层次的专家或带头人，包括业务类、经营管理类、学术类、技术科研类等多种专业，是新闻出版行业高层次的国家人才重要奖，迄今已组织评选了5批。此外，在重要的时间节点、特殊的纪念活动，有关部门也会组织评选特殊表彰奖，例如庆祝新中国成立60周年时原新闻出版总署表彰"新中国60年百名优秀出版人物"、"中国百名优秀出版企业家"和"百名有突出贡献的新闻出版专业技术人员"等。

2017年9月20日，国家新闻出版广电总局发布《新闻出版广播影视"十三五"发展规划》（简称《规划》）。《规划》指出，为加快促进新闻出版广播影视繁荣发展，开展新闻出版广播影视领军人才工程和青年创新人才培养工程，逐步实施重大项目首席专家制度。实施媒体融合千人培养计划，建立新闻出版广播影视高端人才和专业人才库。创新人才评选表彰评价和激励机制。探索实行职业经理人制度，推进建立首席播音员主持人、首席记者、首席编辑制度。

经过70余年的发展，我国出版队伍迅速壮大，整体结构和人员素质发生了很大变化，全行业树立了人才兴业的意识，大力开展队伍建设和人才培养，已经取得了显著成果。面对出版业改革发展的新形势和承担的新任务，为推动出版业新时代可持续繁荣发展、高质量发展，新闻出版人才队伍的建设工作仍然任重道远，需要管理部门、行业协会、从业机构、职业队伍，上下齐心、共同努力，才能推动出版业持续、健康、高质量发展，才能满足新时代人民群众日益增长的精神生活的美好需求，从而完成中华民族伟大文化的复兴。

（本文发表于《中国出版史研究》2023 年第 1 期，执笔人：赵玉山）

第三章　我国新闻出版业行业规模及就业人员状况

新闻出版业是一个具有重要社会影响力和文化传播功能的行业，包括报纸、杂志、图书、电子出版物等多种形式的产品，涵盖新闻采集、编辑、排版、印刷、发行以及数字出版等多个环节。它承担着宣传党的理论和路线方针政策的重要任务，是加强意识形态工作的重要阵地，同时作为文化传播的重要载体，对于传承中华优秀传统文化、促进社会主义先进文化建设具有不可替代的作用，是社会主义现代化建设不可或缺的一部分。

笔者根据国家新闻出版署 2017—2021 年每年发布的《新闻出版产业分析报告》《全国新闻出版业基本情况》，就新闻出版的产业规模情况做汇总展示、对比分析，以客观反映近几年新闻出版产业的发展变化和趋势。

一、新闻出版业整体概况

2017—2021 年，新闻出版产业的规模和效益有所波动，但整体向好，如表 3-1 所示。从 2017 年到 2019 年，新闻出版产业的规模和效益呈现稳步增长的趋势。2020 年，受新冠疫情的影响，产业规模和效益出现下滑。2021 年，产业主要指标整体回升，显示出恢复增长的态势，如图 3-1 所示。

表 3-1　2017—2021 年新闻出版产业主要经济指标^①（单位：亿元）

年份	营业收入	资产总额	所有者权益（净资产）	利润总额
2017 年	18 119.2	22 165.4	11 307.6	1 344.3
2018 年	18 687.5	23 414.2	11 807.2	1 296.1
2019 年	18 896.1	24 106.9	12 156.2	1 268
2020 年	16 776.3	22 578.7	11 425.4	1 024.8
2021 年	18 564.7	23 840.4	11 894.1	1 085.5

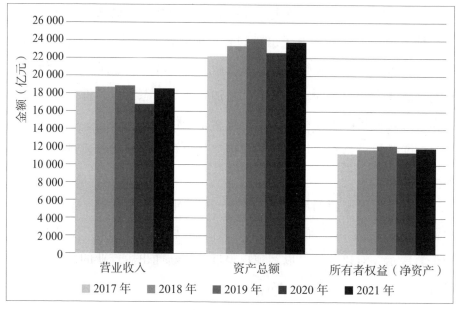

图 3-1　2017—2021 年新闻出版产业主要经济指标变化情况

2017—2021 年，新版图书品种有所下降（在 2021 年保持稳定），而重印图书品种和总印数持续增长，图书出版行业在不断调整和优化中实现了规模的全面增长，如表 3-2、图 3-2 所示。一般图书中印数超过 100 万册的品种数量波动幅度较大，但超过 50 种。

---

① 　全国出版、印刷和发行服务实现营业收入不含数字出版营业收入。

表 3-2 2017—2021 年图书出版品种及印数情况（单位：万种、亿册）

年份	新版图书 品种	新版图书总 印数	重印图书 品种	重印图书总 印数	一般图书年度印数 ≥ 100 万册（种）
2017 年	25.5	22.7	25.7	53.9	58
2018 年	24.7	25.2	27.2	57.7	90
2019 年	22.5	25.0	28.1	62.0	82
2020 年	21.4	23.2	27.5	60.2	52
2021 年	22.5	27.5	30.4	69.0	69

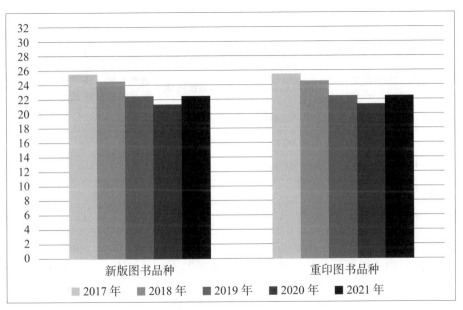

图 3-2 2017—2021 年新版图书、重印图书品种变化情况（单位：万种）

从 2017 年到 2021 年，报刊出版规模收窄。期刊出版的总印数持续下降，但下降幅度逐年减小，总印数变化率从 2017 年的 −7.6% 到 2021 年的 −1.2%。尽管面临印数下降的挑战，期刊出版行业通过提高定价或改变销售策略等方式，成功实现了收入的增长，期刊出版定价总金额和营业收入均有所提高。报纸出版总印数和定价总金额也持续下降，但降幅逐年收窄。2020 年报纸出版行业受到较大冲击，总印数和营业收入的降幅有所加大。2021 年报纸出版行业出现复苏迹象，总印数和定价总金额的降幅显著收窄，营业收入实现正增长。

出版传媒集团整体规模在逐步扩大。从 2017 年到 2020 年，图书出版集团、报刊出版集团和发行集团的主营业务收入在全国的占比先降低后增加，2018 年下降到 77.9%，2020 年增长到 80.5%。2021 年略有下降到 77.5%，但仍然接近 80%。图书出版集团、报刊出版集团和发行集团在行业中占有主导地位，其主营业务收入、资产总额和利润总额的占比在这几年中显示出稳定性和增长性。资产总额、主营业务收入和所有者权益均超过 100 亿元的集团数量呈现出明显的增加趋势，如表 3-3 所示。

表 3-3　2017—2021 年图书出版、报刊、发行集团主要经济指标占比情况

年份	主营业务收入占比	资产总额占比	利润总额占比	资产总额、主营业务收入和所有者权益均超过 100 亿元
2017 年	79.7%	90.8%	62.0%	7
2018 年	77.9%	90.8%	70.7%	6
2019 年	75.8%	91.9%	73.0%	8
2020 年	80.5%	—	74.2%	9
2021 年	77.5%	—	72.0%	12

出版物版权贸易方面，从 2017 年到 2021 年，版权输出在 2019 年达到高峰，随后有所下降，但整体仍保持较高水平，如表 3-4 所示。引进版权从 2017 年开始逐年下降，显示出版权引进的需求有所减少。2021 年实现了贸易顺差，表明版权输出的竞争力有所提升，反映出版权贸易结构的进一步优化。

表 3-4　2017—2021 年输出、引进图书、音像制品和电子出版物版权数量（单位：种）

年份	输出图书、音像制品和电子出版物版权	引进图书、音像制品和电子出版物版权	贸易差额①
2017 年	12 651	18 037	−5 386

---

①　贸易差额表示输出版权与引进版权的差值，正数表示贸易顺差，负数表示贸易逆差。

年份	输出图书、音像制品和电子 出版物版权	引进图书、音像制品和电子 出版物版权	贸易差额
2018 年	11 830	16 602	−4 772
2019 年	14 816	15 977	−1 161
2020 年	13 895	14 185	−290
2021 年	12 770	12 220	550

二、新闻出版产业结构分析

按照出版产业的定义和出版活动流程，出版产业可以分为编辑出版、印刷复制、发行贸易三个大的产业板块。从经济学的研究范式，对出版产业进行细分类，分为图书出版、期刊出版、报纸出版、音像制品出版、电子出版物出版、印刷复制、出版物发行、出版物进出口 8 个产业类别。

表 3-5 中列出了 2017—2021 年期间，8 个产业类别的营业收入情况。从所占的比重看，新闻出版产业中印刷复制占据主导地位，占比超过 70%，是新闻出版产业中的主要收入来源。图书出版的营业收入从 2017 年的 879.60 亿元增长到 2021 年的 1082.18 亿元，呈现逐年上升的趋势，增长较为稳定。音像制品出版的营业收入变化较小，但整体呈上升趋势。电子出版物出版收入从 2017 年的 14.95 亿元增长到 2021 年的 19.99 亿元，整体呈上升趋势，表明数字化转型和市场需求在增加。期刊出版和报纸出版的营业收入相对较为平稳。

表 3-5　2017—2021 年不同类别新闻出版产业营业收入结构表（单位：亿元）

产业类别	2017 年	2018 年	2019 年	2020 年	2021 年
图书出版	879.60	937.30	989.65	963.58	1 082.18
期刊出版	196.54	199.41	199.76	194.20	224.63
报纸出版	578.25	575.95	576.10	539.45	579.19

续表

产业类别	2017 年	2018 年	2019 年	2020 年	2021 年
音像制品出版	28.36	30.10	29.43	30.03	30.47
电子出版物出版	14.95	15.20	16.50	17.86	19.99
印刷复制	13 156.49	13 727.56	13 802.63	11 991.02	13 301.38
出版物发行	3 179.54	3 116.28	3 196.54	2 952.97	3 239.21
出版物进出口	85.45	85.70	85.53	87.15	87.69

（一）图书出版规模

如表 3-6、图 3-3 所示，2017—2021 年，全国出版新版图书品种呈现下降趋势，2019 年的降幅最大，2021 年略有回升。重印品种数量则呈现上升趋势，从 25.74 万种增加到 30.39 万种，增长较为明显。图书出版品种中，重印图书品种占比逐年提升。图书出版的总印数和总印张稳定增长态势；定价总金额也呈现稳定增长，从 2017 年的 1731.25 亿元增长到 2021 年的 2616.14 亿元；结合总印张数据看，单印张平均定价从 2017 年的 2.14 元 / 印张到 2021 年的 2.45 元 / 印张，呈现逐年提升的趋势。图书营业收入在 2017 年到 2019 年呈现增长，2020 年有所下降，2021 年显著增加。图书利润总额逐年增加，从 2017 年的 137.48 亿元增长到 2021 年的 190.05 亿元，显示出图书出版行业的赢利能力在增强。

表 3-6　2017—2021 年图书出版总量规模［单位：万种，亿册（张），亿印张，亿元］

总量指标	2017 年	2018 年	2019 年	2020 年	2021 年
新版品种	25.51	24.71	22.48	21.36	22.53
重印品种	25.74	27.22	28.12	27.54	30.39
总印数	92.44	100.09	105.97	103.74	118.64
总印张	808.04	882.53	938.04	918.91	1065.94
定价总金额	1731.25	2002.91	2178.96	2185.33	2616.14
营业收入	879.60	937.30	989.65	963.58	1082.18
利润总额	137.48	141.28	157.04	163.84	190.05

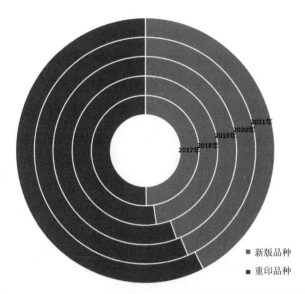

图 3-3　2017—2021 年新版、重印图书品种占比变化统计图

（二）期刊出版规模

如表 3-7 所示，2017—2021 年，期刊出版的品种数量保持稳定，总量略有增加。受数字化影响，期刊的总印数、总印张均呈现出下降趋势；定价总金额呈现波动下降趋势，单印张定价从 2017 年的 1.64 元 / 印张增长到 2021 年的 1.83 元 / 印张；营业收入从 2017 年到 2019 年逐年增加，2020 年有所下降，2021 年又显著增加，达到 224.63 亿元；利润总额从 2017 年的 27.36 亿元逐年增加，到 2021 年达到 36.88 亿元，显示出利润的稳步增长。

表 3-7　2017—2021 年期刊出版总量规模（单位：种，亿册，亿印张，亿元）

总量指标	2017 年	2018 年	2019 年	2020 年	2021 年
品种	10 130	10 139	10 171	10 192	10 185
总印数	24.92	22.92	21.89	20.35	20.09
总印张	136.66	126.75	121.27	116.4	118.97
定价总金额	223.89	217.92	219.83	211.92	217.33
营业收入	196.54	199.41	199.76	194.2	224.63
利润总额	27.36	26.81	29.93	30.35	36.88

（三）报纸出版规模

如表 3-8、图 3-4 所示，从数据来看，报纸出版的种类从 2017 年的 1884 种逐年下降到 2021 年的 1752 种，品种数量在这五年间减少了 132 种。报纸总印数从 2017 年的 362.50 亿份减少到 2021 年的 283.02 亿份，总印张从 2017 年的 1076.24 亿印张减少到 2021 年的 628.57 亿印张，呈现明显下降的趋势。报纸出版的定价总金额在 2017 年到 2019 年之间略有波动，但 2019 年之后有大幅下降，从 2019 年的 392.39 亿元降至 2021 年的 366.06 亿元。营业收入在 2020 年有所波动，2021 年营业收入上升达到 579.19 亿元。利润总额整体呈现上升趋势，从 2017 年的 37.54 亿元逐年波动上升，到 2021 年达到 69.78 亿元。

表 3-8　2017—2021 年报纸出版总量规模（单位：种，亿份，亿印张，亿元）

总量指标	2017 年	2018 年	2019 年	2020 年	2021 年
品种	1884	1871	1851	1810	1752
总印数	362.50	337.26	317.59	289.14	283.02
总印张	1076.24	927.90	796.51	654.69	628.57
定价总金额	398.85	393.45	392.39	366.43	366.06
营业收入	578.25	575.95	576.10	539.45	579.19
利润总额	37.54	32.96	38.17	50.43	69.78

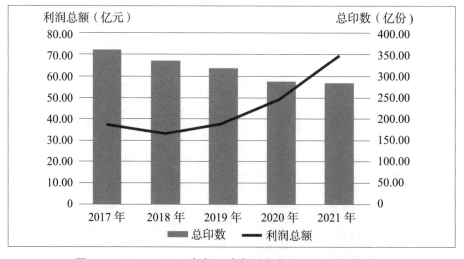

图 3-4　2017—2021 年报纸出版总印数和利润总额统计图

（四）音像制品出版总量规模

从 2017 年到 2021 年，音像制品的品种数量呈持续下降趋势，从 2017 年的 13 552 种下降到 2021 年的 8172 种，降幅较为明显，如表 3-9 所示。出版数量也同样呈现下降态势，从 2017 年的 25 591.88 万盒（张）到 2021 年的 17 200.84 万盒（张），音像制品的生产规模在逐渐缩小，行业整体收缩。尽管音像制品出版的品种和出版数量都在减少，但音像制品出版的营业收入在 2017 年至 2021 年保持相对稳定，2017 年的营业收入为 28.36 亿元，到 2021 年微增至 30.47 亿元，增长了约 7.4%。与营业收入的稳定相比，音像制品出版的利润总额在 2021 年出现了显著下降，2020 年的利润总额为 3.68 亿元，而 2021 年降至 1.9 亿元，下降了约 48.37%。

表 3-9　2017—2021 年音像制品出版总量规模［单位：种，万盒（张），亿元］

总量指标	2017 年	2018 年	2019 年	2020 年	2021 年
品种	13 552	11 063	10 712	8 611	8 172
出版数量	25 591.88	24 124.09	23 171.36	17 515.01	17 200.84
营业收入	28.36	30.1	29.43	30.03	30.47
利润总额	3.59	3.73	3.49	3.68	1.9

（五）电子出版物出版总量规模

电子出版物的品种数量在 2017 年到 2021 年期间有所波动，从 2017 年的 9240 种下降到 2018 年的 8403 种，然后在 2019 年回升至 9070 种，但在 2020 年再次下降至 7825 种，最后在 2021 年回升至 8199 种，如表 3-10 所示。同样，在出版数量方面也存在相同的起伏波动。实现营业收入从 2017 年的 14.95 亿元逐年增长至 2021 年的 19.99 亿元，电子出版物行业的市场规模在不断扩大，市场对电子出版物的接受度和需求在逐步提高。电子出版物的利润总额在这五年间波动较大，但整体上也呈现上升趋势，从 2017 年的 2.71 亿元增长至 2021 年的 3.44 亿元，增长了约 27%。

表 3-10　2017—2021 年电子出版物出版总量规模（单位：种，万张，亿元）

总量指标	2017 年	2018 年	2019 年	2020 年	2021 年
品种	9 240	8 403	9 070	7 825	8 199
出版数量	28 132.93	25 884.21	29 261.88	25 270.74	31 773.11
营业收入	14.95	15.2	16.5	17.86	19.99
利润总额	2.71	2.8	2.51	2.64	3.44

（六）印刷复制总量规模

印刷复制包括出版物印刷与专项印刷、包装装潢印刷、其他印刷品印刷、印刷物资供销和复制五部分。2017 年至 2018 年，印刷复制实现的营业收入和利润总额都有所增长。2019 年营业收入继续小幅增长，但利润总额有所下降。2020 年，印刷复制营业收入、利润总额均大幅减少。2021 年，营业收入有所回升，但利润总额并没有恢复到 2018 年的水平，而是回到了 2017 年的水平，如表 3-11 所示。

表 3-11　2017—2021 年印刷复制总量规模（单位：亿元）

总量指标	2017 年	2018 年	2019 年	2020 年	2021 年
营业收入	13 301.38	13 727.56	13 802.63	11 991.02	13 301.38
利润总额	545.17	835.23	774.12	555.02	545.17

（七）出版物发行总量规模

2017—2021 年，出版物发行网点数量持续增长，从 2017 年的 162 811 处增加到 2021 年的 188 686 处，增幅约为 15.9%。营业收入在 2017 年至 2019 年间波动较小，2020 年有所下降，然后在 2021 年有所回升。利润总额在 2017 年至 2021 年整体呈现下降趋势，如表 3-12 所示。

表 3-12　2017—2021 年出版物发行总量规模（单位：处，亿元）

总量指标	2017 年	2018 年	2019 年	2020 年	2021 年
出版物发行网点数量	162 811	171 547	181 106	183 540	188 686
营业收入	3 179.54	3 116.28	3 196.54	2 952.97	3 239.21
利润总额	283.35	250.74	260.04	215.21	234.99

（八）出版物进出口总量规模

如表 3-13 所示，2017—2021 年，图书、期刊、报纸的出口数量从 2017 年的 2172.02 万册逐年下降到 2021 年的 846.10 万册，下降了约 61%；金额从 2017 年的 7831.81 万美元下降到 2021 年的 4816.57 万美元，下降了约 38.5%。音像制品、电子出版物、数字出版物的出口数量从 2017 年的 6.40 万份下降到 2021 年的 2.65 万份，下降了约 58.6%；出口金额从 2017 年的 2933.09 万美元增长到 2021 年的 5706.38 万美元，增长了约 94.6%。

表 3-13　2017—2021 年全国出版物进出口情况［单位：万册（份、盒、张），万美元］

类型			2017 年	2018 年	2019 年	2020 年	2021 年
出口情况	图书、期刊、报纸	数量	2 172.02	1 696.07	1 653.43	1 146.42	846.10
		金额	7 831.81	7 194.75	7 483.15	4 719.5	4 816.57
	音像制品、电子出版物、数字出版物	数量	6.40	5.29	7.97	3.44	2.65
		金额	2 933.09	2 897.90	3 282.95	3 577.46	5 706.38
进口情况	图书、期刊、报纸	数量	3 255.60	4 088.02	4 206.5	3 974.18	4 435.73
		金额	31 978.76	36 202.19	38 560.51	36 216.29	37 858.58
	音像制品、电子出版物、数字出版物	数量	13.56	5.29	11.38	20.07	14.64
		金额	34 584.46	2 897.86	41 116.31	43 293.73	42 688.27

进口方面，图书、期刊、报纸的进口数量从 2017 年的 3255.60 万册增长到 2021 年的 4435.73 万册，增长了约 36.2%；进口金额从 2017 年的 31 978.76 万美元增长到 2021 年的 37 858.58 万美元，增长了约 18.4%。音像制品、电子出版物、数字出版物的进口数量从 2017 年的 13.56 万册波动

到 2021 年的 14.64 万册，变化不大；进口金额从 2017 年的 34584.46 万美元增长到 2021 年的 42688.27 万美元，增长了约 23.4%。

如表 3-14 所示，2017—2021 年，出版物进出口经营单位的营业收入从 2017 年的 85.45 亿元增加到 2021 年的 87.69 亿元，整体呈现出相对平稳缓慢增长的态势；利润总额在 2017 年至 2020 年呈现出上升趋势，从 2.22 亿元增加到 3.67 亿元，2021 年利润总额有所下降，但整体仍保持在一个较高水平。

表 3-14　2017—2021 年出版物进出口经营单位经济总量规模（单位：亿元）

总量指标	2017 年	2018 年	2019 年	2020 年	2021 年
营业收入	85.45	85.7	85.53	87.15	87.69
利润总额	2.22	2.5	2.75	3.67	3.27

（九）出版物版权贸易总量规模

出版物版权输出量在 2017—2019 年有所增长，从 2020 年开始下降。出版物版权引进量在 2017—2021 年呈现持续减少趋势。在出版物版权中，图书类别的版权输出和引进占据了绝大多数，而音像制品和电子出版物的比例相对较小，其中，电子出版物的版权输出和引进，波动较大，如表 3-15、图 3-5 所示。

表 3-15　2017—2021 年对外版权贸易总量规模（单位：项）

总量指标		2017 年	2018 年	2019 年	2020 年	2021 年
版权输出	总量	13 816	12 778	15 767	14 808	13 695
	出版物版权	12 651	11 830	14 816	13 895	12 770
	图书	10 670	10 873	13 680	12 915	11 795
	音像制品	424	214	298	244	261
	电子出版物	1 557	743	838	736	714

续表

总量指标		2017 年	2018 年	2019 年	2020 年	2021 年
版权引进	总量	18 120	16 829	16 140	14 387	12 310
	出版物版权	18 037	16 602	15 977	14 185	12 220
	图书	17 154	16 071	15 684	13 919	12 005
	音像制品	511	317	282	233	187
	电子出版物	372	214	11	33	28

图 3-5 2017—2021 年出版物版权输出、引进数量统计图

三、新闻出版产品结构分析

2017 年到 2021 年，出版物的总印数呈现先降后升的趋势，如表 3-16、图 3-6 所示。2021 年的总印数为 426.65 亿册（张、份、盒），相比 2017 年的 485.23 亿册（张、份、盒）减少了约 12.07%。图书的总印数呈现稳步增长的趋势，2021 年的图书总印数达到 118.64 亿册，相比 2017 年的 92.44 亿册增长了约 28.34%。期刊的总印数在这五年间持续下降，从 2017 年

的 24.92 亿册减少到 2021 年的 20.09 亿册。报纸的总印数在这五年间也显著下降，从 2017 年的 362.5 亿份减少到 2021 年的 283.02 亿份，减少了约 21.93%。音像制品的总印数在这五年间也呈现下降趋势，从 2017 年的 2.56 亿盒减少到 2021 年的 1.72 亿盒，减少了约 32.81%。电子出版物的总印数在这五年间有所波动，但总体上呈现出增长的趋势。2021 年的总印数为 3.18 亿张，相比 2017 年的 2.81 亿张增长了约 13.17%。报纸和期刊的下降可能与人们获取信息方式的转变有关，即从传统纸质媒体转向数字媒体。

表 3-16　2017—2021 年出版物产品结构总印数表［单位：亿册（张、份、盒）］

出版物类型	2017 年	2018 年	2019 年	2020 年	2021 年
图书	92.44	100.09	105.97	103.74	118.64
期刊	24.92	22.92	21.89	20.35	20.09
报纸	362.5	337.26	317.59	289.14	283.02
音像制品	2.56	2.41	2.32	1.75	1.72
电子出版物	2.81	2.59	2.93	2.53	3.18
合计	485.23	465.27	450.7	417.51	426.65

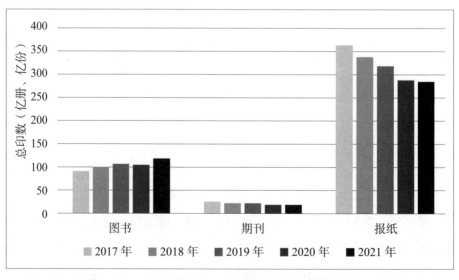

图 3-6　2017—2021 年图书、期刊、报纸总印数统计图

（一）图书结构

1. 新版与重印版图书结构情况

如表 3-17、图 3-7、表 3-18 所示，新版图书品种数量在 2017 年至 2020 年逐年下降，从 25.51 万种降至 21.36 万种，在 2021 年略有回升至 22.53 万种。重印图书品种数量则呈现上升趋势，从 2017 年的 25.74 万种增长到 2021 年的 30.39 万种。同时，重印书品种占比也呈现逐年上升趋势，从 2017 年的 50.22% 逐年上升至 2021 年的 57.43%。在整个图书市场中，重印图书所占的比重越来越大。

表 3-17 2017—2021 年出版物产品结构占比情况

出版物类型	2017 年	2018 年	2019 年	2020 年	2021 年
图书	19.05%	21.51%	23.51%	24.85%	27.81%
期刊	5.14%	4.93%	4.86%	4.87%	4.71%
报纸	74.71%	72.49%	70.47%	69.25%	66.34%
音像制品	0.53%	0.52%	0.51%	0.42%	0.40%
电子出版物	0.58%	0.56%	0.65%	0.61%	0.75%

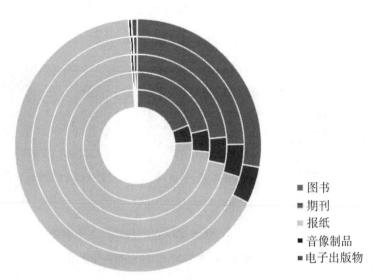

图 3-7 2017—2021 年出版物产品结构占比示意图

表 3-18 2017—2021 年新版与重印图书品种结构情况（单位：万种）

类型	2017 年	2018 年	2019 年	2020 年	2021 年
新版图书	25.51	24.71	22.48	21.36	22.53
重印图书	25.74	27.21	28.12	27.54	30.39
重印书品种占比	50.22%	52.41%	55.57%	56.32%	57.43%

如表 3-19 所示，新版图书的总印数在 2017 年至 2021 年总体呈上升趋势，从 22.74 亿册（张）增加到 27.48 亿册（张）。重印图书的总印数在这五年间持续上升，从 53.87 亿册（张）增至 68.97 亿册（张）。租型图书的总印数也显示出稳定的增长趋势，从 2017 年的 15.83 亿册（张）增至 2021 年的 22.19 亿册（张）。

表 3-19 2017—2021 年新版、重印与租型图书总印数结构情况［单位：亿册（张）］

类型	2017 年	2018 年	2019 年	2020 年	2021 年
新版图书	22.74	25.17	24.97	23.22	27.48
重印图书	53.87	57.74	61.96	60.19	68.97
租型图书	15.83	17.18	19.04	20.33	22.19
合计	92.44	100.09	105.97	103.74	118.64

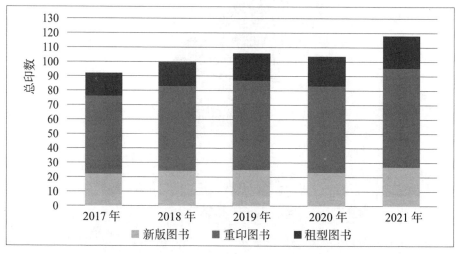

图 3-8 2017—2021 年新版、重印与租型图书总印数统计图［单位：亿册（张）］

2. 书籍、课本、图片结构情况

图书主要包括书籍、课本和图片三类。书籍是指使用标准书号或统一书号，但不属于课本和图片的出版物。课本指使用标准书号或统一书号的以下各类出版物：（1）由国家教育行政部门和中央各部委、各地区审定、规划的，列入教材征订目录，供高等学校、电视大学、函授大学等高等教育机构，中等专业学校（包括中等师范学校）、技工学校使用的教材、教材习题解答集，以及对成人进行政治、业务、文化教育所使用的课本，包括广播电台、电视台举办或与其他单位合办的业余讲座使用的课本及其他业余教育课本；（2）在国家教育行政部门每年春秋两季颁发的《全国普通中小学教学用书目录》和由各省（自治区、直辖市）教育行政部门审定、补充下达的《中小学教学用书目录》中所列的课本、教学挂图和随课本作教材用的习题解答集，以及由省（自治区、直辖市）以上教育行政机关统一规定为各级学校教员必须采用的"教学参考资料"及"教学大纲"（包括少数民族自治州出版社出版，由少数民族自治州教育行政机关规定的此类出版物）；（3）专供扫盲使用的课本。具体包括大专及以上课本、中专技校课本、中小学课本、业余教育课本、扫盲课本和教学用书。图片指单张或折页的美术画片，包括绘画的印制品和摄影的印制品，年画也归入图片。

表 3-20、图 3-9 是 2017—2021 年书籍、课本与图片品种、印数结构情况。可以看出，书籍、课本、图片的品种占比相对稳定，书籍平均占比 82.91%，课本平均占比 17.03%，图片平均占比 0.06%。课本的总印数增长明显，从 2017 年的 32.56 亿册（张）增长到 2021 年的 43.21 亿册（张），表明教育领域对课本的稳定需求。此外，虽然社科人文类书籍占比超 80%，一直占据重要地位，但 2017—2021 年，社科人文类书籍品种占比下降，科学技术类书籍占比上升，表明科学技术在逐渐被社会关注。

表 3-20　2017—2021 年书籍、课本与图片品种、印数结构情况 [①]
[单位：万种，亿册（张）]

类型	2017 年		2018 年		2019 年		2020 年		2021 年	
	品种	总印数	品种	总印数	品种	总印数	品种	总印数	品种	总印数
书籍	42.56	59.69	43.61	65.05	41.84	67.97	40.39	65.2	43.87	75.24
社科人文	35.58	56.78	36.30	61.90	34.44	64.60	33.05	61.83	35.94	71.74
科学技术	6.60	2.63	7.00	2.90	7.01	3.06	6.90	3.11	7.51	3.20
综合	0.38	0.28	0.40	0.30	0.39	0.31	0.44	0.26	0.42	0.30
课本	8.66	32.56	8.29	34.81	8.72	37.52	8.48	37.91	9.01	43.21
中学	0.60	15.18	0.57	15.84	0.54	17.15	0.54	16.87	0.54	18.81
小学	0.55	13.31	0.51	14.83	0.49	16.09	0.49	16.95	0.53	19.51
图片	0.03	0.03	0.03	0.02	0.04	0.04	0.03	0.04	0.03	0.03
合计	51.25	92.28	51.93	99.88	50.60	105.53	48.90	103.15	52.91	118.48

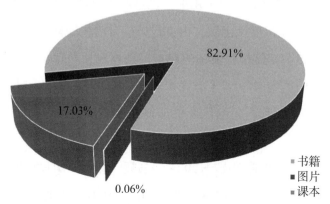

图 3-9　2021 年书籍、图片与课本品种占比情况

①　1. 社科人文类书籍是指属于中国图书馆分类法马克思主义、列宁主义、毛泽东思想、邓小平理论，哲学、宗教，社会科学总论，政治、法律，军事，经济，文化、科学、教育、体育，语言、文字，文学，艺术，历史、地理11大类（A—K）的书籍；科学技术类书籍指属于中国图书馆分类法自然科学总论，数理科学和化学，天文学、地球科学，生物科学，医药、卫生，农业科学，工业技术，交通运输，航空、航天，环境科学、安全科学10大类（N—X）的书籍；综合类书籍指属于中国图书馆分类法综合性图书类（Z）的书籍。2. 以上数据不包含国部标准及小件印品。

3. 少儿图书情况

少儿图书 2017—2021 年的新版图书的品种数有所下降，但重印图书的品种数和总印数都有显著增长，新版图书品种数从 2017 年的 22 834 种逐年下降到 2021 年的 18 812 种，重印图书品种数从 2017 年的 19 607 种逐年增长到 2021 年的 27 510 种，重印图书总印数从 2017 年的 48 779 亿册（张）波动增长到 2021 年的 60 981 亿册（张），如表 3-21 所示。

表 3-21　2017—2021 年少儿图书品种、印数结构情况 [1]〔单位：种，亿册（张）〕

类型	2017 年		2018 年		2019 年		2020 年		2021 年	
类型	品种数	总印数	品种数	总印数	品种数	总印数	品种数	总印数	品种数	总印数
新版图书	22 834	33 227	22 791	41 149	20 845	37 214	18 565	36 913	18 812	35 787
重印图书	19 607	48 779	21 405	47 709	22 867	57 340	23 952	53 519	27 510	60 981

（二）期刊结构

期刊按照内容划分为哲学、社会科学，文化、教育，文学、艺术，自然科学、技术和综合五类。表 3-22 展示了 2017 年至 2021 年不同类型的期刊产品的总印数情况，各类期刊的总印数在这五年间普遍呈下降趋势，如图 3-10 所示，下降幅度最大的是文学、艺术类期刊，总印数从 2017 年的 20 814 万册下降到了 2021 年的 10 230 万册。

表 3-22　2017—2021 年期刊产品总印数情况（单位：万册）

类型	2017 年	2018 年	2019 年	2020 年	2021 年
哲学、社会科学	119 654	114 607	111 473	106 315	104 449
文化、教育	58 717	53 311	51 664	48 551	48 384

[1]　表中总印数统计不包含少儿图书中租型图书的印数。

续表

类型	2017 年	2018 年	2019 年	2020 年	2021 年
文学、艺术	20 814	16 516	13 717	10 952	10 230
自然科学、技术	33 349	29 821	27 758	25 354	24 664
综合	16 679	14 951	14 315	12 352	13 180
合计	249 213	229 206	218 927	203 524	200 907

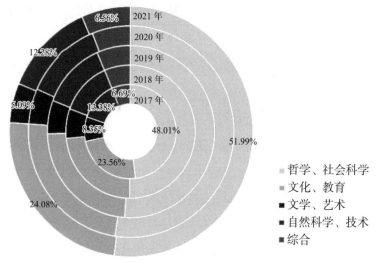

图 3-10　2017—2021 年期刊不同类型产品总印数占比情况

（三）报纸结构

报纸根据地域层级划分为全国性报纸、省级报纸、地市级报纸和县级报纸四类。2017—2021 年，报纸的总印数在这五年间有显著减少；除了县级报纸，其他地域层级的报纸总印数在这五年间普遍呈下降趋势，全国性报纸从 2017 年的 78.14 亿份波动到 2021 年的 75.35 亿份；省级报纸从 2017 年的 166.69 亿份逐年下降到 2021 年的 121.48 亿份；地市级报纸从 2017 年的 116.87 亿份逐年下降到 2021 年的 85.08 亿份，下降较为显著，如表 3-23 所示。

表 3-23 2017—2021 年报纸总印数情况（按地域层级划分）（单位：亿份）

地域层级	2017 年	2018 年	2019 年	2020 年	2021 年
全国性报纸	78.14	78.26	77.56	74.78	75.35
省级报纸	166.69	152.02	140.97	123.84	121.48
地市级报纸	116.87	105.94	98.05	89.51	85.08
县级报纸	0.80	1.03	1.00	1.00	1.11
合计	362.50	337.26	317.59	289.14	283.02

报纸根据内容划分为综合、专业、生活服务、读者对象和文摘五大类。2017—2021 年，除专业报纸下降幅度较小，其他四类报纸均有明显的降幅，特别是生活服务类和文摘类报纸，下跌幅度最大，分别达到了约 64.22% 和 54.82%，如表 3-24 所示。这也客观反映了数字化媒体的兴起、读者阅读习惯的变化等因素给纸质报纸市场带来的巨大影响。

表 3-24 2017—2021 年报纸总印数情况（按内容划分）（单位：亿份）

内容类型	2017 年	2018 年	2019 年	2020 年	2021 年
综合	229.05	210.37	194.95	177.63	171.10
专业	103.38	100.01	98.67	91.23	92.64
生活服务	9.70	7.95	5.92	4.07	3.47
读者对象	16.00	15.53	15.21	13.88	13.85
文摘	4.36	3.39	2.84	2.33	1.97
合计	362.50	337.26	317.59	289.14	283.02

四、数字出版产业分析

数字出版产业是基于数字技术应用的新兴出版产业。根据国家新闻出版总署 2010 年发布的《关于加快我国数字出版产业发展的若干意见》，数字出版是"指利用数字技术进行内容编辑加工，并通过网络传播数字内容产品的一种新型出版方式，其主要特征为内容生产数字化、管理过程数字化、产品形态数字化和传播渠道网络化。目前数字出版产品形态主要包括电子图书、数字报纸、数字期刊、网络原创文学、网络教育出版物、网络地图、数字音乐、网络动漫、网络游戏、数据库出版物、手机出版物（彩信、彩铃、手机报纸、手机期刊、手机小说、手机游戏）等"。发展数字出版产业，对于提升我国文化软实力，推动文化产业乃至国民经济的可持续发展，转变出版业发展方式具有重要意义。党的二十届三中全会在《中共中央关于进一步全面深化改革、推进中国式现代化的决定》中也提出"加快构建促进数字经济发展体制机制，完善促进数字产业化和产业数字化政策体系"的要求。

2017—2022 年，中国数字出版产业收入呈现持续增长的态势，总收入从 2017 年的 7071.93 亿元增长至 2022 年的 13 586.99 亿元，增长幅度较大，反映出数字出版产业的发展活力和市场潜力巨大。从 2017 年至 2022 年的数据来看，各类数字出版物均呈现出不同程度的增长如表 3-25、图 3-11 所示。

表 3-25　2017—2022 年中国数字出版产业收入情况 [①]（单位：亿元）

数字出版分类	2017 年	2018 年	2019 年	2020 年	2021 年	2022 年
互联网期刊	20.10	21.38	23.08	24.53	28.47	29.51
电子图书	54.00	56.00	58.00	62.00	66.00	69.00
数字报纸（不含手机报）	8.60	8.30	8.00	7.50	6.70	6.40
博客类应用	77.13	115.30	117.70	116.30	151.56	132.08
移动出版	1 796.30（未包括移动动漫）	2 007.40（未包括移动动漫）	2 314.82（未包括移动动漫）	2 448.36（未包括移动动漫和移动音乐）	415.70（仅包括移动阅读）	463.52（仅包括移动阅读）

① 数据来源于《2022—2023 中国数字出版产业年度报告》（中国书籍出版社，2023 年版）中的主报告。

续表

数字出版分类	2017 年	2018 年	2019 年	2020 年	2021 年	2022 年
网络游戏	884.90	791.10	713.83	635.28	2 965.13	2 658.84[①]
网络动漫	178.90	180.80	171.00	238.70	293.40	330.94
在线教育	1 010.00	1 330.00	2 010.00	2 573.00	2 610.00	2 620.00
互联网广告	2 957.00	3 717.00	4 341.00	4 966.00	5 435.00	6 639.20[②]
数字音乐（包括在线音乐）	85.00	103.50	124.00	710.00	790.68	637.50[③]
合计	7 071.93	8 330.78	9 881.43	11 781.67	12 762.64	13 586.99

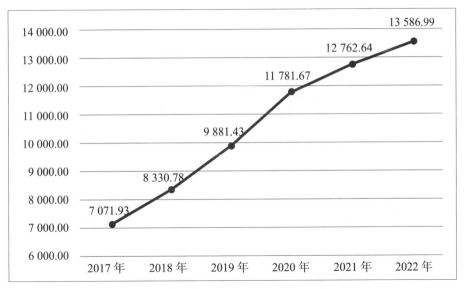

图 3-11　2017—2022 年中国数字出版产业收入折线图（单位：亿元）

　　互联网期刊、电子图书作为数字出版的传统板块，其增长态势相对平稳。其中，互联网期刊从 2017 年的 20.10 亿元增长至 2022 年的 29.51 亿元，电子图书则从 54.00 亿元稳步上升至 69.00 亿元，显示出读者对于电子

---

① 从 2021 年起，报告涉及的移动游戏数据已归入网络游戏模块。

② 澎湃新闻·澎湃号·湃客. 2022 中国互联网广告市场年度盘点［EB/OL］.（2023-03-28）[2023-08-26]. https://www.thepaper.cn/newsDetail_forward_22475218.

③ 本次未计入音乐演出市场收入。

化阅读的持续需求，电子图书出版市场仍然具有较强的发展潜力和持续竞争力。

相比较传统报纸出版与印刷的变化趋势，数字报纸（不含手机报）的市场规模下降幅度显著。如图 3-12 所示，从 2017 年的 8.60 亿元降至 2022 年的 6.40 亿元，特别是 2020 年和 2021 年，下降幅度超过 5%，这也反映出传统纸质报纸在数字化时代的转型压力。

图 3-12　2017—2021 年纸质报纸与数字报纸增长率对比

博客类应用和数字音乐的收入在波动中增长，尤其是数字音乐在 2020 年实现了巨大飞跃，尽管在 2022 年有所回落，但整体仍呈上升趋势。

移动出版尽管 2017 年至 2020 年的数据未完全统计移动动漫和移动音乐，但其总体规模从 1796.30 亿元大幅增长至 2448.36 亿元。而 2021 年和 2022 年的数据显示，仅移动阅读部分就分别达到 415.70 亿元和 463.52 亿元，显示出移动端阅读市场的巨大潜力。

网络游戏在经历一段时间的调整后，于 2021 年迎来爆发式增长，达到了 2965.13 亿元，2022 年虽有所回落，但仍保持在 2658.84 亿元的高位。

在线教育和互联网广告是增长最为显著的两大领域。在线教育受益于技术进步，收入从 2017 年的 1010.00 亿元增至 2022 年的 2620.00 亿元。互联网广告则从 2957.00 亿元增长至 6639.20 亿元，成为推动数字出版产业总收入增长的主要力量之一。

五、单位数量及就业人员分析

（一）新闻出版单位数量

2017 年至 2021 年，新闻出版单位的总数呈现逐年增长的趋势，如表 3-26 所示。其中，法人单位、企业法人单位的数量呈现明显的增加趋势，非法人单位数量在 2017—2019 年上升后，在 2020 年和 2021 年有所下降，个体经营户的数量在这五年间也持续增长。从构成占比看，法人单位从 2017 年 62.15% 下降为 2021 年的 60.79%，个体经营户则从 2017 年 34.13% 下降为 2021 年的 36.06%，如图 3-13 所示。

表 3-26 2017—2021 年新闻出版单位数量与构成 [①]（单位：家）

类型	2017 年	2018 年	2019 年	2020 年	2021 年
法人单位	143 892	143 909	142 152	145 932	153 205
企业法人单位	141 224	141 295	139 580	143 481	150 704
非法人单位	8 623	8 702	8 967	7 832	7 940
个体经营户	79 025	79 271	89 049	89 466	90 873
合计	231 540	231 882	240 168	243 230	252 018

[①] 未包括数字出版单位、打字复印单位、邮政发行单位、版权贸易与代理单位和行业服务与从事其他新闻出版业务的单位。

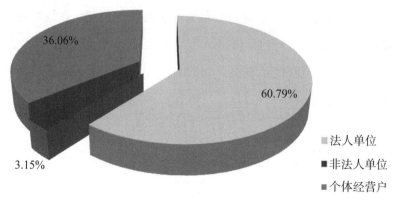

图 3-13   2021 年新闻出版单位类型构成图

企业法人单位在整个新闻出版单位中占据了主导地位，其发展规模和所有制结构的变化反映了整个行业的经济动态和市场趋势。表 3-27、表 3-28 是 2017—2021 年的企业法人单位发展规模及所有制结构的情况，无论是从数量还是从经济指标来看，都显示出强劲的增长势头。国有全资企业和民营企业的数量和比重都有所变化，其中民营企业在数量上有所增加，主要是在印刷复制和出版物发行企业中，民营企业的比重较高，显示出民营经济在新闻出版行业中的活跃度和竞争力。

表 3-27   2017—2021 年企业法人单位的整体规模（单位：家、亿元）

指标	2017 年	2018 年	2019 年	2020 年	2021 年
单位数量	141 224	141 295	139 580	143 481	150 704
营业收入	17 358.54	17 896.36	18 200.94	16 094.30	17 815.1
资产总额	20 615.23	21 740.57	23 055.76	21 429.72	22 619.85
所有者权益	10 439.65	10 868.66	11 557.58	10 757.71	11 158.16
利润总额	1 277.56	1 230.34	1 202.01	948.6	988.27
纳税总额	—	—	794.73	626.34	640.72

表 3-28   2017—2021 年企业法人单位的所有制结构（单位：家）

类型	2017 年	2018 年	2019 年	2020 年	2021 年
国有全资企业	14 594	13 789	13 080	13 547	13 273

类型	2017 年	2018 年	2019 年	2020 年	2021 年
集体企业	4 316	3 983	3 460	2 481	2 501
民营企业	119 226	120 663	120 164	124 745	132 287
外商投资企业	2 299	2 051	2 136	2 041	20 28
港澳台商投资企业	269	281	248	234	238
混合投资企业	520	528	492	433	377
合计	141 224	141 295	139 580	143 481	150 704

（二）新闻出版单位就业人员

1. 整体就业情况

2017—2021 年新闻出版单位就业人数整体呈下降趋势，在 2017 年至 2021 年期间减少了 92.48 万人，其中印刷复制行业减少最多，达到 77.77 万人，如表 3-29 所示。2017—2021 年新闻出版单位就业人员中，男性占比呈下降趋势，女性占比呈上升趋势，2021 年男女性别比基本达到 1:1，如表 3-30 所示。

表 3-29　2017—2021 年新闻出版单位就业人数（单位：万人）

产业类别	2017 年	2018 年	2019 年	2020 年	2021 年
图书出版	6.73	6.70	6.65	6.58	6.62
期刊出版	10.07	9.50	9.29	6.33	6.18
报纸出版	20.59	19.30	18.26	17.10	16.59
音像制品出版	0.41	—	0.39	0.37	0.34
电子出版物出版	0.29	—	0.33	0.34	0.33
印刷复制	310.59	297.60	272.77	239.9	232.82
出版物发行	56.97	56.30	54.49	50.00	50.30
出版物进出口	0.26	—	0.25	0.25	0.24
合计	405.91	390.30	362.43	320.87	313.43

表 3-30　2017—2021 年新闻出版单位就业人员男女性别情况（单位：万人）

年份	就业人数	男性人数	男性占比	女性人数	女性占比
2017 年	405.9	216.2	53.30%	189.7	46.70%
2018 年	390.3	204.8	52.50%	185.5	47.50%
2019 年	362.4	190.7	52.60%	171.7	47.40%
2020 年	320.9	166.4	51.90%	154.5	48.10%
2021 年	313.4	158.7	50.60%	154.7	49.40%

2. 图书出版单位职工人数

全国图书出版单位机构数略有增长，如表 3-31 所示，从 2017 年的 585 个增至 2021 年的 587 个，增加了 2 个；但职工人数呈下降趋势，从 2017 年的 67 252 人逐年递减至 2020 年的 65 759 人，2021 年职工人数有所恢复，到 66 178 人。从地区看，北京、上海、山东、广东等地区的职工人数有所增加，而宁夏、重庆、四川职工人数降幅较为显著，特别是宁夏，从 2017 年的 1206 人缩减为 2021 年的 168 人。

表 3-31　2017—2021 年各地区图书出版单位机构数及职工人数①（单位：家、人）

地区	2017 年		2018 年		2019 年		2020 年		2021 年	
	机构数	职工人数	机构数	职工人数	机构数	职工人数	机构数	职工人数	机构数	职工人数
全国总计	585	67 252	585	67 166	585	66 507	586	65 759	587	66 178
中央	219	29 219	219	28 919	218	28 809	219	28 852	220	28 816
地方	366	38 033	366	38 247	367	37 698	367	36 907	367	37 362
北京	20	978	20	980	20	1 032	20	1 068	20	1 112
天津	12	940	12	939	12	942	12	920	12	893

---

① 数据来源于《2018 中国新闻出版统计资料汇编》《2019 中国新闻出版统计资料汇编》《2020 中国新闻出版统计资料汇编》《2021 中国新闻出版统计资料汇编》《2022 中国新闻出版统计资料汇编》，个别数据与前面表格数据略有出入。整体表格已在附录中呈现。

续表

地区	2017 年		2018 年		2019 年		2020 年		2021 年	
	机构数	职工人数	机构数	职工人数	机构数	职工人数	机构数	职工人数	机构数	职工人数
河北	8	896	8	893	8	928	8	883	8	904
山西	8	651	8	649	8	640	8	644	8	657
内蒙古	7	558	7	549	7	550	7	554	7	545
辽宁	18	1 601	18	1 563	18	1 536	18	1 531	18	1 460
吉林	15	1 834	15	1 790	15	1 775	15	1 812	15	1 813
黑龙江	13	829	13	863	13	927	13	909	13	894
上海	40	3 564	40	3 662	40	3 747	40	3 783	40	3 814
江苏	18	2 862	18	2 699	19	2 667	19	2 758	19	2 746
浙江	14	1 417	14	1 412	14	1 480	14	1 468	14	1 492
安徽	11	1 036	11	1 039	11	1 059	11	1 069	11	1 034
福建	11	758	11	786	11	759	11	745	11	776
江西	7	1 247	7	1 206	7	1 214	7	1 305	7	1 310
山东	17	1 744	17	1 879	17	1 906	17	2 045	17	2 188
河南	12	1 466	12	1 436	12	1 440	12	1 461	12	1 394
湖北	14	2 116	14	2 309	14	2 311	14	2 242	14	2 120
湖南	13	1 397	13	1 377	13	1 476	13	1 446	13	1 454
广东	19	1 509	19	1 599	19	1 666	19	1 676	19	1 792
广西	8	1 144	8	1 232	8	1 246	8	1 321	8	1 405
海南	4	344	4	330	4	329	4	326	4	350
重庆	3	1 778	3	1 780	3	1 737	3	1 019	3	1 198
四川	16	1 784	16	1 795	16	1 816	16	1 446	16	1 468
贵州	6	340	6	377	6	392	6	399	6	388
云南	8	761	8	733	8	778	8	757	8	762
西藏	2	102	2	101	2	105	2	90	2	91
陕西	17	1 766	17	1 752	17	1 750	17	1 766	17	1 810

续表

地区	2017 年		2018 年		2019 年		2020 年		2021 年	
	机构数	职工人数	机构数	职工人数	机构数	职工人数	机构数	职工人数	机构数	职工人数
甘肃	9	322	9	310	9	299	9	280	9	294
青海	2	162	2	157	2	161	2	166	2	169
宁夏	3	1 206	3	1 156	3	164	3	166	3	168
新疆	10	906	10	877	10	848	10	830	10	839
兵团	1	15	1	17	1	18	1	22	1	22

（本文数据来自 2017—2021 年《新闻出版产业分析报告》《全国新闻出版业基本情况》，整理人：邢自兴）

附　录

职业调查问卷使用国内专业的在线调查公司问卷星进行，第二次、第三次调查问卷均在前一次调查问卷的基础上，对调查内容和指标表述等进行修改完善。下面呈现三次职业调查问卷。

出版人职业现状调查问卷（2017—2018 年度）

尊敬的出版同人：

感谢您点开这份问卷。这是一项关于出版人职业现状的调查，问卷由"木铎书声"微信公众号发起。问卷采取不记名方式，后台无法查看填写人信息，您可以放心、大胆地填写！

参与填写问卷的编辑，可以随机获得红包，欢迎发送给同事。但是，在『木铎书声』填过的编辑将不能再填写，谢谢合作。

第一部分　基本情况调查

1. 您单位的性质［单选题］*
　　○国家部委直属出版社
　　○省市地方出版社
　　○大学出版社
　　○报刊社
　　○民营图书公司
　　○校对公司

○新媒体出版

○自媒体

○其他

2. 您工作的省份城市［填空题］*

_____

3. 您的性别［单选题］*

○男

○女

4. 您的年龄［单选题］*

○ <30 岁

○ 31—35 岁

○ 36—45 岁

○ 46—55 岁

○ 56—60 岁

○ 60 岁以上

5. 您的学历［单选题］*

○高中

○专科

○本科

○硕士研究生

○博士研究生

6. 您的职称［单选题］*

　　○无

　　○助理编辑（初级）

　　○编辑（中级）

　　○副编审

　　○编审

　　○其他

7. 您当初从事出版工作的原因？［多选题］*

　　□喜欢图书，热爱出版事业　　　　□国企工作稳定，有保障

　　□薪资水平比较高、福利待遇好　　□解决子女教育问题

　　□误打误撞进入这个行业　　　　　□找不到其他工作

　　□解决户口　　　　　　　　　　　□有事业编制

　　□其他 _____

8. 您从事出版工作年限［单选题］*

　　○ 1—5 年

　　○ 6—10 年

　　○ 11—20 年

　　○ 21—30 年

　　○ 31—40 年

第二部分　工作量和工作时间调查

9. 您目前主要从事哪个岗位的工作（可根据实际情况多选）［多选题］*

　　□文稿编辑

　　□策划编辑

　　□教材编辑（学科编辑）

□音像编辑

□美术编辑

□营销编辑

□品牌编辑

□质检

□校对

□管理者

□普通行政人员

□其他 _____

10. 您个人年度文字加工工作量［单选题］*

　　○无此项指标

　　○ 200 万字以下

　　○ 200 万—400 万字

　　○ 401 万—600 万字

　　○ 601 万—800 万字

　　○ 800 万字以上 _____

11. 您个人年度码洋任务指标［单选题］*

　　○无此项指标

　　○ 100 万元以下

　　○ 100—200 万元

　　○ 201 万—400 万元

　　○ 401 万—600 万元

　　○ 601 万—800 万元

　　○ 801 万—1000 万元

　　○ 1000 万元以上

12. 您个人年度净利润指标［单选题］*

　　○无此项指标

　　○ 20 万元以下

　　○ 21—50 万元

　　○ 51—100 万元

　　○ 101—200 万元

　　○ 201—300 万元

　　○ 300 万元以上

13. 您认为年工作量多少才合理［多选题］

　　□很合理

　　□文字加工 _____

　　□码洋 _____

　　□净利润 _____

　　□选题数量 _____

　　□不合理，但行政工作无法量化 _____

14. 目前的工作内容是您喜欢的［单选题］*

非常　　　○1 ○2 ○3 ○4 ○5 ○6 ○7 ○8 ○9 ○10　　非常
不符合　　　　　　　　　　　　　　　　　　　　　　　符合

15. 您单位考勤制度［单选题］*

　　○每天严格打卡

　　○按周计算出勤

　　○宽松自由，无严格规定

　　○其他 _____

16. 您一周加班时长 [单选题]*

　　○ 不加班

　　○ 5 小时以内

　　○ 5—10 小时

　　○ 11—20 小时

　　○ 21—30 小时

　　○ 30 小时以上

17. 您一年出差天数 [单选题]*

　　○ 不用出差

　　○ 3 天以内

　　○ 3—7 天

　　○ 8—14 天

　　○ 15—30 天

　　○ 30 天以上

18. 您对目前【工作量和工作时间】满意度 [单选题]*

非常　　　　○ 1　○ 2　○ 3　○ 4　○ 5　○ 6　○ 7　○ 8　○ 9　○ 10　　非常
不满意　　　　　　　　　　　　　　　　　　　　　　　　　　　　　　满意

第三部分　薪酬福利调查

19. 您现在每月税后收入是多少（不含年终奖）[单选题]*

　　○ 3000 元以下

　　○ 3001—5000 元

　　○ 5001—8000 元

　　○ 8001—12 000 元

　　○ 12 001—15 000 元

○ 15 001—20 000 元

○ 20 001—30 000 元

○ 30 000 元以上

20.您认为您每月税后收入在出版行业中属于怎样的水平［单选题］*

　　○低等

　　○中等

　　○高等

21.您认为您每月税后薪资是多少才合理（不含年终奖）［单选题］*

　　○很合理

　　○ 3000—5000 元

　　○ 5001—8000 元

　　○ 8001—12 000 元

　　○ 12 001—15 000 元

　　○ 15 001—20 000 元

　　○ 20 001—30 000 元

　　○ 30 000 元以上 ＿＿＿＿＿＿＿＿＿＿＿＿

22.您去年的年终奖是多少［单选题］*

　　○ 0

　　○ 5000 元以下

　　○ 5000—10 000 元

　　○ 1.1 万—3 万元

　　○ 3.1 万—5 万元

　　○ 5.1 万—10 万元

　　○ 10 万元以上

23. 除了薪资，您单位现在还有哪些福利 ［多选题］*

□在职提高学历　　　　　　□参加行业高端论坛

□短期培训学习　　　　　　□出国进修

□体检　　　　　　　　　　□母婴室

□单位幼儿托管处　　　　　□子女入园、入学

□节日福利　　　　　　　　□旅游

□寒暑假　　　　　　　　　□宿舍

□分房　　　　　　　　　　□其他 ＿＿＿＿＿＿＿＿

24. 现有福利外，您还希望单位解决什么问题 ［多选题］*

□在职提高学历　　　　　　□参加行业高端论坛

□短期培训学习　　　　　　□出国进修

□体检　　　　　　　　　　□母婴室

□单位幼儿托管处　　　　　□子女入园、入学

□节日福利　　　　　　　　□旅游

□寒暑假　　　　　　　　　□宿舍

□分房　　　　　　　　　　□其他 ＿＿＿＿＿＿＿＿

25. 您对单位薪资福利满意度 ［单选题］*

非常　　○1 ○2 ○3 ○4 ○5 ○6 ○7 ○8 ○9 ○10　非常
不满意　　　　　　　　　　　　　　　　　　　　　满意

26. 您目前的薪酬待遇在您不同行业的同学中是否具有竞争力 ［单
选题］*

完全
没有　○1 ○2 ○3 ○4 ○5 ○6 ○7 ○8 ○9 ○10　非常
竞争力　　　　　　　　　　　　　　　　　　　　具有
　　　　　　　　　　　　　　　　　　　　　　　竞争力

第四部分　职业成长调查

27. 您主要通过什么渠道提高业务能力［多选题］*

□继续教育

□社内培训

□社外培训（继续教育外）

□行业高端论坛

□请教同事、同行

□自学

□其他＿＿＿＿＿＿＿＿

28. 在现单位，您从事过几个岗位的工作［单选题］*

○1个

○2个

○3个

○4个

○5个及以上

29. 您期望的晋升渠道是［单选题］*

○助理编辑—文稿编辑—策划编辑—首席编辑

○助理编辑—1级文稿编辑—2级文稿编辑—3级文稿编辑

○助理策划编辑—1级策划编辑—2级策划编辑—3级策划编辑

○文稿编辑—项目编辑—部门主任—事业部负责人—（副）总编

○普通员工—部门主任（中层干部）—机构高层

○其他＿＿＿＿＿＿＿＿

30. 您单位职位晋升的影响因素有 ［多选题］*

　　□工龄　　　　　　　　　　□学历

　　□综合能力　　　　　　　　□经济效益

　　□社会效益　　　　　　　　□群众基础

　　□和直接上级的关系　　　　□特殊背景

　　□其他 _____

31. 您对自己未来的晋升状况 ［单选题］*

非常　　　　　　　　　　　　　　　　　　　　　　　非常
　　　○1 ○2 ○3 ○4 ○5 ○6 ○7 ○8 ○9 ○10
悲观　　　　　　　　　　　　　　　　　　　　　　　乐观

32. 您有跳槽（离开本单位）的打算 ［单选题］*

　　○有，并准备实施（请跳至第33题）

　　○有过，现在不准备实施（请跳至第33题）

　　○从未有过（请跳至第34题）

　　○现在没有，不知道以后（请跳至第34题）

33. 您想跳槽的原因 ［单选题］*

　　○个人原因

　　○人际关系问题

　　○薪资福利不满意

　　○子女教育问题

　　○不喜欢出版行业

　　○对职业前景迷茫，走不下去

　　○其他

34. 如果跳槽，您想去什么行业［单选题］*

　　○政府部门

　　○高校

　　○其他行业

　　○其他出版单位

　　○还在出版，自己创业

35. 您对出版行业的未来［单选题］*

非常
悲观　　○1　○2　○3　○4　○5　○6　○7　○8　○9　○10　非常
乐观

第五部分　压力调查

36. 您与直接上级的关系［单选题］*

非常
不好　　○1　○2　○3　○4　○5　○6　○7　○8　○9　○10　非常
好

37. 您与同事的关系［单选题］*

非常
不好　　○1　○2　○3　○4　○5　○6　○7　○8　○9　○10　非常
好

38. 您现在的工作压力主要来自［多选题］*

　　□身体状况不好　　　　　　□工作量、工作难度大

　　□质检　　　　　　　　　　□作者

　　□薪资福利低　　　　　　　□同事关系复杂

　　□领导不重视　　　　　　　□行业转型升级

　　□晋升机会少　　　　　　　□办公环境差

　　□考勤制度严苛　　　　　　□其他 _____

39. 工作给您带来的压力［单选题］*

非常
小　　○1 ○2 ○3 ○4 ○5 ○6 ○7 ○8 ○9 ○10　　非常
　　　　　　　　　　　　　　　　　　　　　　　大

40. 您目前存在哪些疾病［多选题］*

□基本没有问题　　　　　　□眼睛不好

□颈椎不舒服　　　　　　　□腰椎不舒服

□心血管疾病　　　　　　　□血压、血糖疾病

□肠胃疾病　　　　　　　　□手腕疾病

□神经衰弱　　　　　　　　□咽喉疾病

□静脉曲张　　　　　　　　□其他＿＿＿＿＿＿＿＿＿

41. 您工作积极性高，情绪状态良好［单选题］*

非常
不符合　○1 ○2 ○3 ○4 ○5 ○6 ○7 ○8 ○9 ○10　非常
　　　　　　　　　　　　　　　　　　　　　　符合

请综合工作量和工作时间、薪资福利、职业晋升、压力等方面问题，认真填写如下问题。

42. 总体来说，您对当前职业生存状态满意度［单选题］*

非常
不满意　○1 ○2 ○3 ○4 ○5 ○6 ○7 ○8 ○9 ○10　非常
　　　　　　　　　　　　　　　　　　　　　　满意

43. 如果对出版职业说一句话，您会说（选填）［填空题］

＿＿＿＿＿＿＿＿＿＿＿＿＿＿＿＿＿＿＿＿

出版人职业现状调查问卷（2019—2020 年度）

　　各位朋友，这是一份针对出版从业者职业现状的调查，旨在了解出版人的工作状态、薪酬福利、职业成长、工作压力等信息，力争为行业管理部门调整政策、出版单位优化管理机制、出版从业者提高自身职业价值感提供基本数据。希望对出版同行改善工作环境和待遇有所帮助。这是我们第二次全国性的调查活动，期待您的支持！

　　问卷由北京师范大学出版科研院"木铎书声"微信公众号发起，采取匿名答卷方式，后台无法查看填写人信息，恳请您按照真实信息作答！大概需要耽误您 5—8 分钟。答卷后您可以将最后页面截图发送给木铎书声社群客服，联系获取编辑出版人最新必备工具电子礼包一份。

第一部分　基本情况

1.您单位的性质［填空题］*

　　＿＿＿＿＿＿＿＿＿＿＿＿＿＿＿＿＿＿＿＿＿

2.您单位所在地［填空题］*

　　＿＿＿＿＿＿＿＿＿＿＿＿＿＿＿＿＿＿＿＿＿

3.您的性别［单选题］*
　　○男
　　○女

4.您的年龄［单选题］*
　　○≤25 岁

○ 26—30 岁

○ 31—35 岁

○ 36—45 岁

○ 46—55 岁

○ 56—60 岁

○ 60 岁以上

5. 您的学历［单选题］*

○初中

○高中

○专科

○本科

○硕士研究生

○博士研究生

6. 您从事出版工作年限［单选题］*

○ 5 年以下

○ 6—10 年

○ 11—20 年

○ 21—30 年

○ 30 年以上

7. 您的职称［单选题］*

○无

○初级职称

○中级职称

○副高职称

○正高职称

第二部分　工作量和工作时间

8.您属于哪个岗位系列［单选题］*

○行政管理系列（请跳至第 9 题）

○内容编校系列（请跳至第 10 题）

○营销发行系列（请跳至第 12 题）

○技术服务系列（请跳至第 14 题）

9.您岗位属于行政系列中［单选题］*

○普通员工

○中层领导

○高层领导

* 填写完该题，请跳至第 15 题。

10.您岗位属于编辑系列中［单选题］*

○版权编辑（请跳至第 15 题）

○图书编辑（请跳至第 11 题）

○期刊编辑（请跳至第 11 题）

○音像编辑（请跳至第 15 题）

○数字编辑（请跳至第 15 题）

○新媒体编辑（请跳至第 15 题）

○校对（请跳至第 11 题）

○质检（请跳至第 11 题）

○美术编辑（请跳至第 15 题）

11. 单位要求您一年完成的文字加工量是［单选题］*

　　○无此项指标

　　○ 200 万字以下

　　○ 200 万—400 万字

　　○ 401 万—600 万字

　　○ 601 万—800 万字

　　○ 801 万—1000 万字

　　○ 1000 万字以上

　　* 填写完该题，请跳至第 15 题。

12. 您的岗位属于营销系列中［单选题］*

　　○发行助理

　　○发行主管

　　○营销助理

　　○营销主管

　　○电商专员

13. 单位要求您一年完成的码洋指标是［单选题］*

　　○无此项指标

　　○ 100 万元以下

　　○ 100 万—200 万元

　　○ 201 万—400 万元

　　○ 401 万—600 万元

　　○ 601 万—800 万元

　　○ 801 万—1000 万元

　　○ 1000 万元以上

　　* 填写完该题，请跳至第 15 题。

14. 您的岗位属于技术服务系列中 [单选题]*

　　○排版员

　　○印制人员

　　○程序员

　　○技术总监

　　○产品经理

15. 您觉得现在的工作量 [单选题]*

轻松　　○0 ○1 ○2 ○3 ○4 ○5 ○6 ○7 ○8 ○9 ○10　　很难

完成　　　　　　　　　　　　　　　　　　　　　　　　完成

16. 您单位的考勤制度 [单选题]*

　　○非常严格

　　○相对宽松

　　○完全自由

17. 您对现有考勤制度的满意程度 [单选题]*

非常　　○0 ○1 ○2 ○3 ○4 ○5 ○6 ○7 ○8 ○9 ○10　　非常

不满意　　　　　　　　　　　　　　　　　　　　　　　满意

18. 您一周加班时长 [单选题]*

　　○不加班

　　○ 5 小时以内

　　○ 5—10 小时

　　○ 11—20 小时

　　○ 21—30 小时

　　○ 30 小时以上

19. 您一年出差天数［单选题］*

  ○不用出差

  ○ 3 天以内

  ○ 3—7 天

  ○ 8—14 天

  ○ 15—30 天

  ○ 30 天以上

第三部分　薪酬福利

20. 您平均每月实际税后收入是（含公积金，不含年终奖）:［单选题］*

  ○ 3000 元以下

  ○ 3001—5000 元

  ○ 5001—8000 元

  ○ 8001—12 000 元

  ○ 12 001—15 000 元

  ○ 15 001—20 000 元

  ○ 20 001—30 000 元

  ○ 30 000 元以上

21. 您的实际月收入相比当地职工收入，感觉［单选题］*

  ○偏低

  ○中等

  ○较高

22. 您认为您的实际月收入多少比较合理（含公积金，不含年终奖）

  ［单选题］*

  ○目前就基本合理

○ 3001—5000 元

○ 5001—8000 元

○ 8001—12 000 元

○ 12 001—15 000 元

○ 15 001—20 000 元

○ 20 001—30 000 元

○ 30 000 元以上

23. 2019 年您的年终奖税后为［单选题］*

○ 0 元

○ 1 万元以下

○ 1.1 万—3 万元

○ 3.1 万—5 万元

○ 5.1 万—10 万元

○ 10.1 万—15 万元

○ 15.1 万—20 万元

○ 20 万元以上

24. 您认为影响您收入最重要因素是［单选题］*

○出版业的整体发展情况

○单位所在省市经济发展情况

○单位的级别

○单位的效益

○个人所在岗位

○个人工作能力

○工作年限

○和领导的关系

25. 除薪资外，您单位现在福利还有 [多选题] *

　□补贴（餐补、交通、取暖等）

　□保障（补充医疗、补充公积金、企业年金等）

　□年度体检

　□节日、生日慰问金

　□带薪休假（年假、寒暑假等）

　□母婴室、幼儿托管处

　□旅游

　□行业培训论坛

　□在职提高学历

　□出国进修

　□子女入园入学

　□解决住房问题

　□解决事业编制

　□解决当地户口

26. 您期待单位优先增加的福利包括 [多选题] *

　□补贴（餐补、交通、取暖等）

　□保障（补充医疗、补充公积金、企业年金等）

　□常规体检

　□节日、生日福利

　□带薪休假（年假、寒暑假等）

　□母婴室、幼儿托管处

　□旅游

　□参加行业培训论坛

　□在职提高学历

　□出国进修

□子女入园入学

□解决住房问题

□解决编制

□解决当地户口

27. 您对单位薪资福利满意度［单选题］*

非常　　　○0 ○1 ○2 ○3 ○4 ○5 ○6 ○7 ○8 ○9 ○10　　非常
不满意　　　　　　　　　　　　　　　　　　　　　　　　满意

28. 您的薪酬待遇与当地同龄人相比较［单选题］*

完全　　　　　　　　　　　　　　　　　　　　　　　　非常

没有　○0 ○1 ○2 ○3 ○4 ○5 ○6 ○7 ○8 ○9 ○10　具有

竞争力　　　　　　　　　　　　　　　　　　　　　　　竞争力

第四部分　职业成长

29. 您主要通过什么途径提高业务能力［多选题］*

□单位组织的培训

□社会机构培训（除继续教育外）

□继续教育

□行业高端论坛

□学术研讨会

□出国进修

□请教同事、同行

□自学

□其他 _____

30. 您希望参加哪方面内容的培训［多选题］*

□宏观导向政策

□企业管理能力

□行业规范解读

□选题策划能力

□编校业务知识

□营销理论案例

□新媒体与技术

□各类项目申报指导

□版权知识

□印刷工艺

□人力与团队管理

□财务、税务相关

□其他 _____

31. 在现单位，您在几个部门工作过［单选题］*

○ 1 个

○ 2 个

○ 3 个

○ 4 个

○ 5 个

○ 6 个以上

32. 您的职业规划路线是［单选题］*

○业务系列：业务新手→业务专家

○管理系列：基层行政→高层管理

○交叉系列：业务新手→高层管理

○交叉系列：基层行政→业务专家

○自由系列：努力工作，根据需要

33. 在目前单位，您认为影响您职业发展的最重要因素是［多选题］*

☐特长专业

☐综合能力

☐入职司龄

☐工作业绩

☐学历

☐群众基础

☐和直接上级的关系

☐特殊背景

☐机缘运气

34. 从业经历中，你觉得最有职业荣誉感的时候是［单选题］*

○获得各级各类荣誉表彰

○得到更多的奖金

○产品或项目畅销市场

○知名作者和合作者认可

○职位得到提升

○成为单位和行业公认的专家

○其他 _____

35. 从业经历中，你感觉最有职业挫败感的时候是［单选题］*

○产品或项目质量不合格受到处罚

○业绩不达标奖金受到削减

○产品或项目没有市场

○被作者和合作者投诉

○被降职或调岗

○职业迷茫，能力没有长进

○其他＿＿＿＿＿＿＿＿

36. 您对自己未来职业前景［单选题］*

非常
悲观　○0 ○1 ○2 ○3 ○4 ○5 ○6 ○7 ○8 ○9 ○10　非常
乐观

37. 您对自己未来职业规划［单选题］*

非常
不清晰　○0 ○1 ○2 ○3 ○4 ○5 ○6 ○7 ○8 ○9 ○10　非常
清晰

第五部分　职业选择

38. 您选择从事出版行业的原因是什么［多选题］*

□喜欢图书，热爱出版事业

□国企工作稳定，有保障

□薪资水平比较高、福利待遇好

□解决子女教育问题

□误打误撞

□找不到其他工作

□解决户口

□有事业编制

□时间比较自由

□专业对口

□感觉社会地位较高

□工作自由，时间可支配

39. 您现在对这份工作的态度是什么［单选题］*

　　○非常喜欢

　　○比较满意

　　○凑合做

　　○不喜欢

40. 您累计从事过几个行业［单选题］*

　　○ 1（请跳至第 42 题）

　　○ 2

　　○ 3

　　○ 4 个或以上

41. 在进入出版行业前您从事哪类行业［单选题］*

　　○政府部门

　　○教育行业（例如：高校）

　　○互联网 /IT

　　○金融

　　○制造业

　　○商业服务类

　　○其他行业

42. 您有跳槽（离开本单位）的打算吗［单选题］*

　　○有，正在寻找机会（请跳至第 43 题）

　　○有，现在不准备实施（请跳至第 43 题）

　　○从未有过（请跳至第 44 题）

　　○现在没有，不知道以后会怎样（请跳至第 44 题）

43. 您想跳槽的原因 [多选题]*

  □ 对出版业前景悲观

  □ 不认同当前企业文化

  □ 薪资福利不满意

  □ 领导的问题

  □ 同事关系紧张

  □ 不喜欢出版行业

  □ 个人原因（家庭、身体等）

  □ 子女教育问题

  □ 说不清楚

44. 目前您坚守出版行业没想跳槽的主要原因 [单选题]*

  ○ 对文化出版业充满信心

  ○ 目前发展满意，不愿意再冒险

  ○ 单位氛围好，舍不得领导和同事

  ○ 个人喜欢书香气，不喜欢挑战

  ○ 生活压力大，跳槽风险高

  ○ 担心能力不足，找不到合适工作

  ○ 待遇还凑合，就是为养家糊口

45. 如果跳槽，您想去什么行业 [多选题]*

  □ 政府部门

  □ 教育行业（例如：高校）

  □ 互联网 /IT 行业

  □ 金融业

  □ 制造业

  □ 商业服务行业

□其他出版（报刊）社

□民营文化公司

□出版上下游机构

□自己创业做出版

46. 疫情全球蔓延，对于出版行业未来您的看法是［单选题］*

○短暂影响，不会改变基本趋势

○有一点影响，推动出版数字转型

○有较大影响，线上业务将有爆发增长

○有根本影响，是出版业洗牌机会

第六部分　压力调查

47. 您现在的工作压力［单选题］*

非常
小　○0 ○1 ○2 ○3 ○4 ○5 ○6 ○7 ○8 ○9 ○10　非常
大

48. 现在您的工作压力主要来自［多选题］*

□行业转型适应困难

□工作量、工作难度加大

□单位企业文化不好

□领导同事关系紧张

□薪资福利低

□自身能力不足

□身体素质不好

□质检严格

□外部合作不畅（作者、书店等）

□晋升机会少

□通勤时间长

□考勤制度严苛

49. 面对融合出版新技术，您正在 [单选题] *

○没准备，靠老本事吃饭

○有心理准备，但不知道如何下手

○积极适应，正在学习新技术

○大胆探索，正在推进新项目

○基本适应，已经有成功项目

50. 您与直接上级的关系 [单选题] *

非常
不好
○0 ○1 ○2 ○3 ○4 ○5 ○6 ○7 ○8 ○9 ○10
非常
好

51. 您与同事的关系 [单选题] *

非常
不好
○0 ○1 ○2 ○3 ○4 ○5 ○6 ○7 ○8 ○9 ○10
非常
好

52. 您因为工作而出现了哪些健康问题 [多选题] *

□没有问题

□眼睛不好

□颈椎、腰椎疾病

□肝脏疾病

□心血管疾病

□肠胃疾病

□手腕疾病

□神经衰弱

□咽喉疾病

□静脉曲张

□肥胖

□脱发

□失眠

□其他

53. 总体来说，您对当前职业生存状态满意度［单选题］*

非常　　○0 ○1 ○2 ○3 ○4 ○5 ○6 ○7 ○8 ○9 ○10　　非常

不满意　　　　　　　　　　　　　　　　　　　　　　　　满意

54. 给您现在的职业状况写一句自我评价，您会这样写（选填）［填空题］

_____

【特别说明】因借助第三方平台调查，提交问卷后可能出现其他抽奖或免费送券等链接，与本调查无关，建议您谨慎参与！

出版人职业现状调查问卷（2022—2023 年度）

各位朋友，这是一份针对出版从业者职业现状的调查，旨在了解当前出版人的工作状态、薪酬福利、职业成长、工作压力等信息，力争为行业管理部门调整政策、出版单位优化管理机制、出版从业者提高自身职业价值感提供基本数据。希望对出版同行改善工作环境和待遇有所帮助。这是我们第三次全国性的调查活动，期待您的支持！

为保护答卷人的相关信息，我们采取匿名答卷方式，大概需要耽误您6—10 分钟。我们会将数据严格用于科研工作，后台无法查看填写人信息，恳请您按照真实信息作答！

问卷仅针对出版行业从业者进行。如有需要，答卷后您可以在"木铎书声"微信公众号对话框发送最后页面截图，联系获取"编辑出版人最新必备工具电子礼包"1 份。

1. 您单位的性质［填空题］*

_____

2. 您工作所在地区［填空题］*

_____

3. 您的性别［单选题］*
　　○男　　　　　　　　○女

4. 您的年龄（直接填数字即可）［填空题］*

_____

5. 您的学历［单选题］*

　　○初中　　　　　　　　　　○高中

　　○专科　　　　　　　　　　○本科

　　○硕士研究生　　　　　　　○博士研究生

6. 您从事出版工作年限（直接填数字即可）［填空题］*

　　_____

7. 您的职称［单选题］*

　　○无　　　　　　　　　　　○初级职称

　　○中级职称　　　　　　　　○副高职称

　　○正高职称

8. 您所在单位人数规模是［单选题］*

　　○ 10 人以内　　　　　　　○ 11 人到 50 人

　　○ 51 人到 100 人　　　　　○ 401 人到 300 人

　　○ 301 人到 500 人　　　　　○ 500 人以上

9. 您的岗位系列是［单选题］*

　　○行政管理系列　　　　　　○内容编校系列

　　○营销发行系列　　　　　　○技术服务系列

　　○广告运营系列　　　　　　○其他 _____*

10. 您的职位是［单选题］*

　　○普通员工

　　○中层领导（项目负责人、部门领导）

　　○高层领导（公司负责人）

11. 您从事的岗位有无具体刚性任务指标［单选题］*

　　○无　　　　　　　　　　　　　　○有

12. 您觉得现在的工作量［单选题］*

轻松　　　○1 ○2 ○3 ○4 ○5 ○6 ○7 ○8 ○9 ○10　很难
完成　　　　　　　　　　　　　　　　　　　　　　　　完成

13. 您单位的考勤制度［单选题］*

　　○完全自由　　　　　　　　　　○相对宽松
　　○非常严格

14. 您对现有考勤制度的满意程度［单选题］*

非常　　　○1 ○2 ○3 ○4 ○5 ○6 ○7 ○8 ○9 ○10　非常
不满意　　　　　　　　　　　　　　　　　　　　　　　满意

15. 您一周加班时长［单选题］*

　　○不加班　　　　　　　　　　　○5 小时以内
　　○5—10 小时　　　　　　　　　○11—20 小时
　　○21—30 小时　　　　　　　　○30 小时以上

16. 您一周规律性的运动时长［单选题］*

　　○基本不运动　　　　　　　　　○5 小时以内
　　○5—10 小时　　　　　　　　　○11—20 小时
　　○20 小时以上　　　　　　　　○随机性，不固定

17. 过去一年您平均每月税后收入大约是

（填数字，百位后近似为整数，例如 5879，记录为 5800，下同）［填空题］*

_____

18. 过去一年，您的年度绩效奖金是

（填数字，百位后近似为整数。如无，填数字 0）［填空题］*

_____

19. 如果每月缴存公积金，您个人扣缴的公积金数额为

（填数字，百位后近似为整数。如无，填数字 0）［填空题］*

_____

20. 您的薪酬收入和福利目前是否受到疫情影响［单选题］*

○基本无影响，保持稳定

○基本无影响，仍然有增长

○小幅减少，有降低的趋势

○小幅减少，相信很快就会正常

○大幅减少，能否恢复没有信心

○大幅减少，相信会很快恢复

21. 除薪资外，您单位现在还有哪些福利［多选题］*

□补充医疗　　　　　　　　□企业年金

□住房　　　　　　　　　　□员工宿舍

□节日礼品　　　　　　　　□生日慰问金

□体检　　　　　　　　　　□带薪休假

□其他 _____

22. 您对单位薪资福利满意度［单选题］*

非常
不满意
○ 1 ○ 2 ○ 3 ○ 4 ○ 5 ○ 6 ○ 7 ○ 8 ○ 9 ○ 10
非常
满意

23. 下面有关企业文化的描述，您认为符合您单位特征的有

（非常不符合为 1 分，不太符合为 2 分，不确定为 3 分，比较符合为

4 分，非常符合为 5 分）［矩阵量表题］*

	1	2	3	4	5
公平科学的员工晋升机制	○	○	○	○	○
工作中有获得感和成就感	○	○	○	○	○
良好的办公环境和高效的支持系统	○	○	○	○	○
同事之间关系比较融洽	○	○	○	○	○
鼓励员工积极学习进修	○	○	○	○	○
官僚作风严重，晋升主要看关系	○	○	○	○	○
工作的目的就是为了挣钱养家	○	○	○	○	○
工作环境简陋、合作中常扯皮	○	○	○	○	○
同事间相互提防	○	○	○	○	○
躺平现象普遍，创新动力不足	○	○	○	○	○

24. 您对单位企业文化的满意度［单选题］*

非常
不满意
○ 1 ○ 2 ○ 3 ○ 4 ○ 5 ○ 6 ○ 7 ○ 8 ○ 9 ○ 10
非常
满意

25. 您认为您所在单位目前面临的最大挑战和风险是［填空题］

_____

26. 您目前是否有跳槽的打算

（非常不符合为 1 分，不太符合为 2 分，不确定为 3 分，比较符合为 4 分，非常符合为 5 分）［矩阵量表题］*

	1	2	3	4	5
我基本上没有想过离开目前这个单位	○	○	○	○	○
我计划在这个单位作长期的职业发展	○	○	○	○	○
对目前的工作我时常觉得厌烦而想换个新的单位	○	○	○	○	○
在未来半年内，我很可能会离开目前这个单位	○	○	○	○	○
本来计划跳槽，但受疫情影响观望中	○	○	○	○	○

27. 疫情以来，你们单位在业务形态和组织架构上有无变化［单选题］*

○没有变化

○开发了线上数字产品和直播营销，效果不太明显

○适应疫情变化，直播服务和数字产品取得明显效果

○适应疫情变化，设立了专门的机构和岗位

○其他 _____

28. 对于疫情以来工作方式改变，您的感受和观点是［单选题］*

○居家办公省去通勤时间，效率有明显提高

○到岗或者居家各有利弊，对工作效率没有影响

○居家办公干扰太多，效率明显下降

○工作受到比较大的影响，比较焦虑

○增加了很多休息时间，感觉很放松

○其他 _____

29. 对你们单位融合出版业务作出评价，您认为［单选题］

　　○不作评价

　　○仅仅有一点小的尝试

　　○取得了明显进展

　　○成果非常明显

　　○失败的尝试

　　○其他 _____

30. 目前高校学者和专家倡导建设编辑出版学一级学科，您认为［单选题］*

　　○文化强国需要，应该大力加强

　　○无所谓，是不是一级学科不影响编辑出版理论研究

　　○编辑出版专业建设一级学科目前条件还不成熟

　　○编辑出版是实践活动，不需要成为独立的学科

　　○不了解，没有听说过编辑出版学

　　○其他 _____

31. 您觉得男性和女性在出版职业发展中谁更有优势［单选题］*

　　○没有差异　　　　　　　　○男性更有优势

　　○女性更有优势　　　　　　○无法判断

32. 当前您希望提供哪方面的专业培训［多选题］

　　□宏观政策解读　　　　　　□团队管理能力

　　□行业规范解读　　　　　　□选题策划能力

　　□编校业务知识　　　　　　□营销理论方法

　　□新媒体与直播技术　　　　□课题项目申报指导

　　□版权知识　　　　　　　　□印刷工艺

□人力与团建　　　　　　　　　□财务、税务相关

□其他＿＿＿＿＿＿＿＿

33. 对目前出版专业技术人员继续教育培训效果，您的感受是

（未参加培训不用填写）［单选题］

很不　　　　　　　　　　　　　　　　　　　　　　很满
　　　○1 ○2 ○3 ○4 ○5 ○6 ○7 ○8 ○9 ○10
满意　　　　　　　　　　　　　　　　　　　　　　意

34. 在目前单位，您认为影响您职业发展重要因素是［多选题］*

□特长专业　　　　　　　　　□综合能力

□入职司龄　　　　　　　　　□工作业绩

□学历　　　　　　　　　　　□群众基础

□和直接上级的关系　　　　　□特殊背景

□机缘运气　　　　　　　　　□个人性格

□其他＿＿＿＿＿＿＿＿

35. 从业经历中，你觉得最有职业荣誉感的时候是［单选题］*

○获得各级各类荣誉表彰　　　○得到更多的奖金

○产品或项目畅销市场　　　　○知名作者和合作者认可

○职位得到提升　　　　　　　○成为单位和行业公认的专家

○其他＿＿＿＿＿＿＿＿

36. 从业经历中，你感觉最有职业挫败感的时候是［单选题］*

○因产品或项目质量不合格受到处罚　○业绩不达标奖金受到削减

○产品或项目没有市场　　　　○被作者和合作者投诉

○被降职或调岗　　　　　　　○职业迷茫，能力没有长进

○其他＿＿＿＿＿＿＿＿

37. 您在目前的工作当中是否出现以下状况

（非常不符合为 1 分，不太符合为 2 分，不确定为 3 分，比较符合为 4 分，非常符合为 5 分）[矩阵量表题]*

	1	2	3	4	5
1. 我觉得疲倦	○	○	○	○	○
2. 我感觉抑郁	○	○	○	○	○
3. 我觉得很开心	○	○	○	○	○
4. 我觉得筋疲力尽	○	○	○	○	○
5. 我觉得情绪很差，脑袋昏昏沉沉	○	○	○	○	○
6. 我觉得很快乐	○	○	○	○	○
7. 我觉得就要崩溃了	○	○	○	○	○
8. 我觉得再也受不了了	○	○	○	○	○
9. 我觉得不开心	○	○	○	○	○
10. 我感觉没劲了	○	○	○	○	○
11. 我感觉陷入困境	○	○	○	○	○
12. 我感觉没有价值	○	○	○	○	○
13. 我觉得厌倦了	○	○	○	○	○
14. 我觉得不安	○	○	○	○	○
15. 我感觉大失所望，心里充满怨恨	○	○	○	○	○
16. 我感觉很虚弱，很容易生病	○	○	○	○	○
17. 我感觉没有希望	○	○	○	○	○
18. 我感觉不被接受	○	○	○	○	○
19. 我感觉很乐观	○	○	○	○	○
20. 我感觉充满活力	○	○	○	○	○
21. 我感觉焦虑	○	○	○	○	○

38. 评估您现在的工作压力［单选题］*

没有
压力　　　○1　○2　○3　○4　○5　○6　○7　○8　○9　○10　　　压力
很大

39. 对自己当前职业状态满意度

（非常不符合为 1 分，不太符合为 2 分，不确定为 3 分，比较符合为 4 分，非常符合为 5 分）［矩阵量表题］*

	1	2	3	4	5
1. 我现在从事的职业是一个理想的、值得终身追求的职业	○	○	○	○	○
2. 我对自己在职业生涯中取得的成就感到满意	○	○	○	○	○
3. 现在的职业很理想，我不愿意放弃	○	○	○	○	○
4. 我喜欢现在的职业	○	○	○	○	○
5. 我对现在的职业感到不满意，它没有我原来想象的那么好	○	○	○	○	○
6. 只要报酬相同，在不在目前的职业领域工作是蛮无所谓的	○	○	○	○	○
7. 如果让我重新选择，我不会从事现在的职业	○	○	○	○	○

40. 您认为，您目前的工作压力的主要来自［填空题］

————————————————————

41. 疫情全球蔓延，对于出版行业未来您的看法是［单选题］*

　　○短暂影响，不会改变基本趋势

　　○有一点影响，推动出版数字转型

　　○有较大影响，线上业务将有爆发增长

　　○有根本影响，是出版业洗牌机会

42. 面对融合出版新技术，您正在［单选题］*

　　○没准备，靠老本事吃饭

　　○有心理准备，但不知道如何下手

○积极适应，正在学习新技术

○大胆探索，正在推进新项目

○基本适应，已经有成功项目

43. 您认可和尊敬的出版人物有

（写出 1—3 位人物名字。名字间用逗号隔开，末尾不加标点符号）

[填空题]

_____

44. 您认可和尊敬的出版机构和出版社有

（写出 1—3 个出版机构名字。名字间用逗号隔开，末尾不加标点符号）[填空题]

_____

45. 对您影响最大或者您最喜欢的出版物（期刊）有

（写出 1—3 本 / 份出版物或期刊名字。名字间用逗号隔开，末尾不加标点符号）[填空题]

_____

46. 您对出版业未来的发展前景 [单选题]*

非常 ○1 ○2 ○3 ○4 ○5 ○6 ○7 ○8 ○9 ○10 非常
悲观 乐观

47. 请您用一句话描述您对当前出版行业的看法 [填空题]

_____

48. 如果给您自己目前出版职业现状自我评价，您给自己的分数是 [单选题] *

非常
不满意　　○ 1　○ 2　○ 3　○ 4　○ 5　○ 6　○ 7　○ 8　○ 9　○ 10　　非常
满意

49. 如果您愿意接受我们随机的电话访谈，请留下联系方式和地区 [填空题]

_____

【特别说明】再次感谢您的参与支持。因借助第三方平台调查，提交问卷后可能出现其他抽奖或免费送券等链接，与本调查无关，建议您谨慎参与！

我国各地区出版机构数及职工人数统计表（2017—2021 年）

（2017 年）各地区图书、音像、出版物印刷、物资机构数及职工人数

地区	图书出版单位		出版物印刷单位	印刷物资公司		音像出版单位	
	机构数	职工人数	机构数	机构数	职工人数	机构数	职工人数
全国总计	585	67252	8753	17	1136	381	4056
中央	219	29219				147	980
地方	366	38033	8753	17	1136	234	3076
北京	20	978	780			12	100
天津	12	940	152	1	23	8	66
河北	8	896	681			5	45
山西	8	651	166	2	104	3	98
内蒙古	7	558	101			1	45
辽宁	18	1601	165			19	96
吉林	15	1834	212			9	31
黑龙江	13	829	155	1	41	5	20
上海	40	3564	201	1		25	335
江苏	18	2862	426	1	266	7	132
浙江	14	1417	748	1		7	81
安徽	11	1036	302			7	99
福建	11	758	288	1	29	5	233
江西	7	1247	140	1	54	5	126
山东	17	1744	522	1	253	14	104
河南	12	1466	434	1		6	347
湖北	14	2116	349	1	126	8	94
湖南	13	1397	434	1	157	12	97
广东	19	1509	910	1	52	22	257
广西	8	1144	151			5	59

续表

地区	图书出版单位		出版物印刷单位	印刷物资公司		音像出版单位	
	机构数	职工人数	机构数	机构数	职工人数	机构数	职工人数
海南	4	344	26			2	
重庆	3	1778	148			6	43
四川	16	1784	282	1		10	230
贵州	6	340	173	2	31	1	2
云南	8	761	171			9	62
西藏	2	102	28			2	21
陕西	17	1766	257			11	38
甘肃	9	322	99			3	43
青海	2	162	47			2	12
宁夏	3	1206	71			1	10
新疆	10	906	127			2	150
兵团	1	15	7				

注：全国图书出版社585家，其中含副牌社33家。

2018年各地区图书、音像、出版物印刷、物资机构数及职工人数

地区	图书出版单位		出版物印刷单位	印刷物资公司		音像出版单位	
	机构数	职工人数	机构数	机构数	职工人数	机构数	职工人数
全国总计	585	67166	8923	17	1152	385	3945
中央	219	28919				151	876
地方	366	38247	8923	17	1152	234	3069
北京	20	980	723			13	112
天津	12	939	201	1	21	8	32
河北	8	893	791			5	50
山西	8	649	160	2	100	3	97
内蒙古	7	549	194			1	47
辽宁	18	1563	157			18	101
吉林	15	1790	207			9	51

续表

地区	图书出版单位		出版物印刷单位	印刷物资公司		音像出版单位	
	机构数	职工人数	机构数	机构数	职工人数	机构数	职工人数
黑龙江	13	863	155	1	55	5	12
上海	40	3662	198	1		25	363
江苏	18	2699	433	1	278	7	124
浙江	14	1412	704	1		7	77
安徽	11	1039	337			7	111
福建	11	786	278	1	30	5	217
江西	7	1206	142	1	52	5	125
山东	17	1879	587	1	245	14	92
河南	12	1436	440	1		6	352
湖北	14	2309	356	1	132	8	87
湖南	13	1377	430	1	156	12	100
广东	19	1599	788	1	52	22	266
广西	8	1232	176			5	61
海南	4	330	40			2	3
重庆	3	1780	117			6	36
四川	16	1795	296	1		10	214
贵州	6	377	170	2	31	1	1
云南	8	733	185			9	59
西藏	2	101	28			2	18
陕西	17	1752	260			11	49
甘肃	9	310	100			3	44
青海	2	157	54			2	30
宁夏	3	1156	100			1	10
新疆	10	877	109			2	128
兵团	1	17	7				

注：全国图书出版社 585 家，其中含副牌社 24 家。

2019 年各地区图书、音像、出版物印刷、物资机构数及职工人数

地区	图书出版单位		出版物印刷单位	印刷物资公司		音像出版单位	
	机构数	职工人数	机构数	机构数	职工人数	机构数	职工人数
全国总计	585	66507	9014	16	1144	386	3926
中央	218	28809				151	840
地方	367	37698	9014	16	1144	235	3086
北京	20	1032	808			13	84
天津	12	942	201	1	19	8	21
河北	8	928	676			5	53
山西	8	640	153	2	106	3	93
内蒙古	7	550	194			1	48
辽宁	18	1536	157			18	88
吉林	15	1775	211			9	117
黑龙江	13	927	155	1	52	5	10
上海	40	3747	185			25	332
江苏	19	2667	443	1	269	7	118
浙江	14	1480	705	1		7	109
安徽	11	1059	354			7	111
福建	11	759	274	1	32	5	217
江西	7	1214	143	1	52	5	120
山东	17	1906	605	1	250	14	93
河南	12	1440	449	1		6	346
湖北	14	2311	374	1	125	8	87
湖南	13	1476	411	1	157	12	103
广东	19	1666	808	1	49	23	284
广西	8	1246	252			5	56
海南	4	329	37			2	4
重庆	3	1737	110			6	43
四川	16	1816	307	1		10	229
贵州	6	392	166	2	33	1	3

续表

地区	图书出版单位		出版物印刷单位	印刷物资公司		音像出版单位	
	机构数	职工人数	机构数	机构数	职工人数	机构数	职工人数
云南	8	778	184			9	58
西藏	2	105	28			2	16
陕西	17	1750	247			11	53
甘肃	9	299	96			3	46
青海	2	161	42			2	13
宁夏	3	164	104			1	9
新疆	10	848	128			2	122
兵团	1	18	7				

注：全国图书出版社585家，其中含副牌社24家。

2020年各地区图书、音像、出版物印刷、物资机构数及职工人数

地区	图书出版单位		出版物印刷单位	印刷物资公司		音像出版单位	
	机构数	职工人数	机构数	机构数	职工人数	机构数	职工人数
全国总计	586	65759	9271	16	1093	381	3716
中央	219	28852				151	772
地方	367	36907	9271	16	1093	230	2944
北京	20	1068	881			13	80
天津	12	920	222	1	17	8	24
河北	8	883	736			5	62
山西	8	644	148	2	106	3	88
内蒙古	7	554	189			1	47
辽宁	18	1531	190			18	91
吉林	15	1812	211			9	111
黑龙江	13	909	160	1	43	5	
上海	40	3783	183			25	323
江苏	19	2758	447	1	247	7	108
浙江	14	1468	705	1		7	97

地区	图书出版单位		出版物印刷单位	印刷物资公司		音像出版单位	
	机构数	职工人数	机构数	机构数	职工人数	机构数	职工人数
安徽	11	1069	365			7	107
福建	11	745	296	1	31	5	199
江西	7	1305	144	1	51	5	120
山东	17	2045	615	1	253	13	125
河南	12	1461	464	1		6	319
湖北	14	2242	370	1	102	8	79
湖南	13	1446	417	1	160	12	98
广东	19	1676	809	1	51	19	284
广西	8	1321	258			5	59
海南	4	326	40			2	3
重庆	3	1019	97			6	34
四川	16	1446	303	1		10	182
贵州	6	399	152	2	32	1	3
云南	8	757	189			9	58
西藏	2	90	26			2	
陕西	17	1766	258			11	48
甘肃	9	280	108			3	49
青海	2	166	55			2	18
宁夏	3	166	106			1	8
新疆	10	830	119			2	120
兵团	1	22	8				

注：全国图书出版社 586 家，其中含副牌社 24 家。

2021年各地区图书、音像、出版物印刷、物资机构数及职工人数

地区	图书出版单位		出版物印刷单位	印刷物资公司		音像出版单位	
	机构数	职工人数	机构数	机构数	职工人数	机构数	职工人数
全国总计	587	66178	9518	16	1198	377	3482
中央	220	28816				150	727
地方	367	37362	9518		1198	227	2755
北京	20	1112	934			13	75
天津	12	893	225	1	15	6	26
河北	8	904	802			5	67
山西	8	657	139	2	110	3	94
内蒙古	7	545	175			1	39
辽宁	18	1460	187			20	90
吉林	15	1813	211			9	106
黑龙江	13	894	152	1	42	3	
上海	40	3814	183			25	303
江苏	19	2746	438	1	227	7	96
浙江	14	1492	705	1		7	100
安徽	11	1034	358			7	93
福建	11	776	287	1	31	5	168
江西	7	1310	156	1	52	5	115
山东	17	2188	635	1	377	13	115
河南	12	1394	460	1		6	237
湖北	14	2120	373	1	97	7	78
湖南	13	1454	493	1	160	12	102
广东	19	1792	819	1	56	19	276
广西	8	1405	259			5	51
海南	4	350	46			2	4
重庆	3	1198	95			6	40
四川	16	1468	305	1		10	188
贵州	6	388	160	2	31	1	3

地区	图书出版单位		出版物印刷单位	印刷物资公司		音像出版单位	
	机构数	职工人数	机构数	机构数	职工人数	机构数	职工人数
云南	8	762	165			9	47
西藏	2	91	25			2	8
陕西	17	1810	316			11	46
甘肃	9	294	106			3	49
青海	2	169	60			2	16
宁夏	3	168	110			1	8
新疆	10	839	130			2	115
兵团	1	22	9				

注：全国图书出版社 586 家，其中含副牌社 24 家。

出版教育与人才培养大事记（1949—2023 年）

1950 年 9 月，中央人民政府出版总署在北京召开第一届全国出版会议，通过了关于改进和发展全国出版事业的五项决议，包括筹划建立出版与印刷的专门学校培养和提高干部素质。

1951 年 3 月，新华书店总店与北京师范大学签订了《共同办理新华书店总店职工业余学校的合约》，业余学校每期三个月，共办两期，主要以学习和提高文化课为基础。

1951 年 8 月 28 日，第一届全国出版行政会议在北京召开，胡乔木同志作了《改进出版工作的几个问题》，提到"现在应当筹备在大学中设立这样的系（训练出版工作干部），还要设立训练班"。

1952 年 9 月 26 日，《中央人民政府出版总署全国出版事业五年建设计划大纲（草案）》提出，"大力培养和训练出版工作干部与印刷技工，特别是编辑、编译、审读人才""希望是 1953 年起在北京大学和复旦大学开办新闻出版编辑系"。

1953 年 7 月 16 日，出版总署致函人事部拟选送 10 名干部赴苏联学习，包括学习了解"图书编辑"和"印刷工艺"。

1953 年 10 月，上海印刷学校成立，是新中国第一所培养中等印刷人才的技工学校。随后，北京和辽宁也创办了印刷专业学校或技工学校。

1955 年 11 月，国家文化部出版事业局在《出版事业十五年远景计划（1953—1967）》中，提出将"会同高等教育部在适当的高等学校增设编辑系、美术装帧系、图书贸易系"。

1956 年 1 月，新华书店总店决定设立业务研究班，培训省级书店和基层书店的经理及业务骨干，每期学习时间 3 到 6 个月。后共举办 5 期，培训学员 270 余名，1958 年 3 月结束。

1956 年 5 月 17 日，文化部党组在《关于召开地方出版社工作座谈会的报告》中提到"应该有计划地分批轮送编辑干部到中级和高级党校和各大学新闻出版专业学习"。

1956 年 6 月，文化部通知各地出版部门为培养出版编辑干部，中央宣传部决定在中国人民大学新闻系内开设出版专业，学制三年，首批招收各地保送生 23 名。

1957 年 9 月，上海出版学校成立，1962 年并入上海印刷学校。

1958 年，新华书店总店在北京通县建立正规的图书发行干部学校，行政归文化部领导，教学业务由新华书店总店负责。9 月 20 日正式开学，首批学员 156 名。

1958 年 11 月，文化部成立文化学院。除了负责全国文化部系统在职干部岗位培训，还设置正规的大学专科教育，主要为出版、文物、群众文化三个系统培养高等专业人才。图书发行干部学校 12 月 8 日并入该院。

1958 年 11 月，文化学院设立印刷工艺系。1961 年文化学院撤销，印刷工艺系并入中央工艺美术学院。

1959 年，古籍整理出版规划小组与北京大学中文系联合设立古典文献专业，培养我国古籍整理研究人才，学制五年，首批录取 30 名学生，次年开始招收研究生。

1960 年秋季，文化学院建立了 4 个本科专业，编辑出版系开设有社会科学书籍编辑专业。原拟请文化部出版事业管理局副局长陈原兼任主任，未到职。后由系副主任赵晓恩主持工作。

1978 年起，北京、上海等多地新华书店先后成立了各种形式的图书发行中等专业学校和技工学校，学制均为两年。

1978 年 12 月 28 日，国务院批准了《关于建立北京印刷学院》请示报告，在中央工艺美术学院印刷工艺系基础上成立北京印刷学院。印刷高等本科教育从此全面展开。

1979 年 6 月，中宣部出版局组织西南六省调查。基层工作者建议应在有关高校成立出版专业或出版系、新闻出版系，还建议办出版学院。

1979 年 12 月，文化部出版局在湖南长沙召开出版工作座谈会。会议代表建议成立编辑出版学院和编辑科学研究所，在相关高校设立出版专业，组织编写出版学概论、出版史、编辑学等相关专业读物。

1979 年 12 月 20 日，中国出版工作者协会成立大会在湖南长沙举办。胡愈之被推选为名誉主席，陈翰伯为主席。胡愈之在祝词中提到"出版工作者同新闻工作者一样是一种专业"，建议"在大学里应该有出版专业"。

1980 年起，新华书店总店先后在大连、杭州、合肥等地举办 12 期读书班。学员来自各地新华书店的正副经理及业务主管干部，每期约 40 人，学期三周，累计 500 人参加了学习。

1981 年 12 月 23 日，国家出版局向教育部发出《请批准在南开大学增设图书发行专业的报告》，后因专业投资问题未得到妥善解决，没有落实。

1982 年 9 月 10 日，文化部转发《全国新华书店发行人员轮训规划》，要求在三四年内把全国新华书店的工作人员普遍轮训一遍。提到"总店与教育部门联系，争取在一两所大学设立图书发行专业"，应包括四年制本科生和两年制的专修班。

1982 年 12 月 7 日，文化部向教育部发出《请批准在武汉大学图书馆学系设置图书发行管理学专业的报告》，提出在武汉大学设立图书发行专业问题的建议。

1983 年 2 月 25 日，文化部印发《1981—1990 年全国出版事业发展规划纲要（草案）》。

1983 年 4 月 1 日，教育部批复《请批准在武汉大学图书馆系设置图形发行专业》的报告。4 月 5 日，新华社发布消息：我国第一个图书发行管理学专业在武汉大学成立。

1983 年 6 月 6 日，中共中央、国务院做出《关于加强出版工作的决定》，提出"六五期间，在有条件的重要文科大学设置图书编辑、出版专业和进修班""七五期间，如有条件则创办出版学院""在一两个文科大学设立图书发行专业（本科专业）"。

1983 年 7 月，由新华书店组织，辽宁、吉林、黑龙江省新华书店联合编写、郑士德主编的《图书发行学概论》被当作"高等学校发行专业试用教材"内部发行。

1984 年 3—6 月，胡乔木数次向教育部建议在高校试办编辑出版专业，对于推动高校编辑出版专业教育的发展作出了重要贡献。

1984 年 7 月 23 日，国家教委党组向中央政治局委员胡乔木递交了《关于筹办编辑专业的报告》，7 月 25 日胡乔木复信教育部同意在北京大学、南开大学、复旦大学开设编辑学专业。

1984 年 9 月，南开大学在全国首先试办编辑学专业，培养社会科学编辑，学制四年。成为我国编辑学专业本科教育的开端。

1984 年 9 月，上海市出版局创办职工大学中文（编辑）专业，面向未受过高等教育的在职编辑人员。全市统考，学制两年，颁发大专学历。

1984 年 10 月 3 日，四川省新华书店委托成都大学创办图书发行学专业班。实行国家统一招生，学制两年，共开设 28 门课程，包括图书发行概论、读者研究、市场预测等专业课程。

1985 年 3 月 21 日，经国务院批准我国第一个从事出版科学研究的专门机构——中国出版发行科学研究所在北京成立。

1985 年 9 月，清华大学中文系设立科技编辑本科专业，招收五年制本科生。同时招收的还有中国科技大学。上海大学开设编辑学专业，培养社科编辑，学制四年。

1985 年秋天，四川社会科学院招收书刊编辑专业硕士研究生，培养社科编辑，学制三年。

1986 年 6 月 25 日，国家出版局印发《图书编辑人才培养工作座谈会纪要》指出：编辑专业人才的培养，既要从理论上继续深入探讨，更要通过教学实践不断总结经验。

1986 年秋，河南大学依托汉语言文学专业硕士点招收编辑出版专业方向硕士研究生，开启了高校首次招收编辑出版专业研究生的探索。

1987 年秋，南京大学文献情报系在图书馆学专业硕士点设招编辑出版方向的研究生。武汉大学图书情报学院在图书馆学专业硕士点设招文献与出版研究方向研究生。

1987 年 9 月 9 日，中国出版工作者协会在北京举行首届韬奋出版奖颁奖大会。从第二届开始由中国出版工作者协会组织评选，与中国韬奋基金会联合每两年评选一次，是中国出版界个人奖中的最高荣誉奖。

1988 年 5 月 6 日，中宣部、新闻出版署印发《关于当前图书发行体制改革的若干意见》，提到：要协助办好高等、中专、技工学校中的图书发行专业，继续办好在职人员的培训班。

1988 年 9 月，新闻出版署决定成立"署直属高等院校出版专业设置及可行性研究课题组"。最后形成《新闻出版署直属高等院校出版专业设置及可行性的研究报告》，获得新闻出版署 1991 年科学技术进步奖。

1988 年 11 月，由南开大学编辑专业组织编写的"编辑教学丛书"，主编伍杰，副主编邵益文、戴文葆，由黑龙江教育出版社出版。这套丛书包括《编辑理论与实践》《版权法概论》等 5 本，是我国编辑出版专业首套正式出版的高校教材。

1988 年，国务院学位委员会批准了北京印刷学院出版系、河南大学文学院招收新闻学和传播学研究生，方向为编辑、出版和发行。

1988 年，武汉大学、南京大学、北京大学、北京师范大学等院校也先后在相关专业设招编辑出版硕士生。

1989 年 5 月，新闻出版署成立了编辑出版教材领导小组，边春光任组长、袁亮任副组长。办事机构设在中国出版科学研究所。

1989 年 8 月，新闻出版署编辑出版教材领导小组制定了《关于编辑出版专业高等教材编写出版规划初步方案》，成立了编辑与出版两个专业教材编审委员会。拟计划 5 年内编写出版首批教材 18 种。

1989 年 8 月 5 日，中国出版发行科学研究所更名为中国出版科学研究所。

1989 年秋，武汉大学中文系开设编辑学专业第二学士学位教育，招生 20 名，学制两年。

1989 年 12 月 21 日，新闻出版署批准成立"图书发行大专编审委员会"（后改为"图书发行高等教材编审委员会"），汪轶千担任主任、郑士德担任副主任。

1990 年 3 月 6 日，图书发行大专编审委员会召开编写会议，确定了《图书发行学概论》等 14 种图书发行大专教材的编写具体事宜。该套教材后由高等教育出版社陆续出版。

1991 年 4 月 29 日，新闻出版署印发《出版事业八五计划及十年发展规划》，提出：搞好教育基地建设和师资队伍培训、教材编写工作；继续在有条件的高等院校设置编辑、出版、发行专业或进修班。

1992 年 5 月，新闻出版署召开"高等学校编辑学专业建设座谈会"。会议总结了编辑学专业建设的成绩，肯定了专业的学科性，进一步明确了专业学制和培养目标，提出了发展建议。

1992 年 7 月，新闻出版署召开"高等学校图书发行管理学专业建设座谈会"。会议总结了十年来的办学经验、教材建设和教师队伍建设的情况。

1992 年 10 月 13 日，中国编辑学会在北京成立，刘杲任第一届会长。

1993 年 5 月，由新闻出版署和国家教委联合主办、武汉大学中文系承办的"全国高校编辑学专业负责人首次联席会"在武汉召开。

1993 年 7 月，国家教委颁布新修订的《普通高等学校本科专业目录》，编辑学、图书出版发行学两个专业被正式列入本科专业目录，结束了该专业长期试办的历史。

1994 年 5 月，新闻出版署研究决定对编辑出版教材领导小组，编辑、出版两个专业高等教材编审委员会成员进行调整补充。新闻出版署副署长桂晓峰担任领导小组组长，并设立"编辑、出版高等教材编辑委员会"。

1994 年 7 月，由新闻出版署、国家教委联合举办的"高校编辑学专业负责人联席会议暨全国编辑、出版高等教材编审委员会座谈会"在安徽合肥举行。

1994年秋，武汉大学图书情报学院开始招收出版发行研究方向的研究生。

1994年12月17日，由中国出版工作者协会、中国编辑学会主办的"首届全国优秀中青年（图书）编辑奖颁奖会"在北京举行。

1995年初，新闻出版署向国务院学位委员会提出在《授予博士、硕士学位及培养研究生学科专业目录》中增设编辑学专业的建议。

1995年4月12日，中共中央办公厅、国务院办公厅转发新闻出版党组《关于进一步加强和改进出版工作的报告》，指出：加强培养适应现代出版业需要的出版工作队伍，在有条件的大专院校设立出版专业。

1995年9月，由新闻出版署主持编纂的"普通高等教育编辑出版类教材"，由辽宁教育出版社陆续出版发行，全套共计18本。首批出版的有《期刊编辑学概论》等4本。

1995年12月25日，新闻出版署与中央宣传部、国家教委、人事部联合发布《关于在出版行业开展岗位培训实施持证上岗制度的规定》。

1996年5月6日，全国新闻出版系统跨世纪人才培养工程工作会议在江西井冈山举行。会议确定了"九五"期间新闻出版行业人才培养的总体目标、指导思想和主要措施。

1996年5月17日，新闻出版署成立教育培训中心，负责组织全国出版社社长、总编辑，以及中央部门在京出版机构部门主任以上骨干及发行印制单位主要负责人培训。

1996年11月19日，中国出版工作者协会主办的"全国伯乐奖"在北京颁奖，12名老出版家获奖。

1996年12月7日，首届"百佳出版工作者"颁奖大会在北京举行。这个奖项涵盖出版全行业，由中国出版工作者协会主持评选，每届评出100位先进工作者。

1997年2月，全国政协委员刘杲牵头的出版界人士向全国政协八届五次会议提案建议：尽快将编辑硕士点列入《授予博士、硕士学位及培养研究生学科目录》。

1997 年 10 月，为促进我国高层次编辑人才的成长、适应中国特色社会主义出版事业发展的需要，经新闻出版署批准、中国编辑学会启动举办"首届未来编辑杯"征文竞赛。

1998 年初，武汉大学图书情报学院组织编纂"出版发行管理丛书"，包括《图书营销学》《出版发行学概论》等专业教材，由山西经济出版社陆续出版。

1998 年，教育部颁布《普通高等学校本科专业目录》，将编辑学本科专业和图书发行学本科专业整合为编辑出版学专业，作为独立学科列入了目录，列在新闻与传播学之下二级学科，从制度上确定了编辑出版学在高校本科教育中应有的地位。

1998 年，党中央、国务院颁布《新闻出版行业"跨世纪人才工程"纲要》。

1998 年，国务院学位委员会批准北京印刷学院出版系和河南大学文学院招收传播学硕士研究生，研究方向为编辑、出版、发行，提升了编辑出版专业的办学层次，从制度上确定了编辑出版学在高校硕士研究生教育中应有的地位。

1998 年，图书发行员实行职业资格证书制度并纳入新闻出版行业特有工种的职业技能鉴定和全国职业技能鉴定工作系统之中。

1999 年 4 月，我国出版界首次在美国举办中青年业务骨干培训调研班，来自全国各省、自治区、直辖市及行业重要机构的 21 名中青年业务骨干参加培训。

1999 年 4 月，武汉大学、中国出版科学研究所、中国图书商报社在湖北武汉联合召开了"21 世纪出版业发展及其人才培养的学术研讨会"。

1999 年 9 月 9 日，经新闻出版署批准、中国编辑学会和北京印刷学院联合创办的中国编辑研究资料中心揭牌。

1999 年秋，北京大学博士生招生目录中，信息管理系增设"图书学与出版事业研究"方向招生计划。

2000 年 1 月 12 日，新闻出版署署长于友先在全国新闻出版局长会议上作了《认清形势强化管理改革攻坚加快发展，迎接 21 世纪新的挑战》报告，提出：要总结国内外新闻出版业的新经验、新知识、新成果，更新现行新闻出版培训教育教材，尽快改变国内大学新闻出版专业教育观念滞后、知识陈旧的状况。

2001 年，国家人事部与新闻出版总署联合发文，决定实施出版专业技术人员职业资格考试制度。确立了以考试为核心的出版职业资格准入制度。

2002 年秋，武汉大学在"图书馆、情报与档案管理"一级学科之下，增设"出版发行学"二级学科博士点招生计划。

2002 年 12 月，经新闻出版署和中国编辑学会同意，中国编辑学会教育专业委员会在北京成立。

2003 年 7 月，根据新闻出版总署和上海市人民政府的决定，上海出版印刷高等专科学校划归上海理工大学管理，成立上海理工大学出版印刷学院。

2003 年，北京大学、北京广播学院等具有一级学科授予权的院校设置相关专业，开始以出版发行学、出版学等专业名录招收博士生。编辑出版学专业招生的层次也逐渐由本科生、硕士研究生、博士研究生完善。

2004 年，全国出版专业职业资格考试和鉴定工作正式开始，国家职业教育认证系统和专业职务晋升的考核系统将出版职业资格培训鉴定和认证纳入之中。

2004 年 4 月，苏州大学出版社策划组织"现代出版学丛书"出版计划，拟包括《现代出版产业》《现代出版产业论》《中国编辑出版史》等 7 本。

2004 年 8 月 31 日，新闻出版总署在北京召开我国编辑出版学专业创办 20 周年纪念会。

2005 年，新闻出版总署颁布《2005 年—2010 年全国新闻出版（版权）

人才工作纲要》。

2005 年 1 月 19 日，北京师范大学出版科学研究院成立。许嘉璐、袁贵仁等出席成立大会。北京师范大学出版科学研究院由时任新闻出版总署副署长柳斌杰担任院长。

2005 年 8 月 31 日，教育部、新闻出版总署在北京联合召开"纪念我国高等院校编辑出版学专业创办 20 周年座谈会"，来自相关部门的 60 余人代表参会。

2005 年，由北京大学新闻与传播学院、台湾南华大学出版事业管理研究所、河北大学新闻传播学院倡导并主办的"海峡两岸出版论坛"举办。此后每年设定一个学术主题，至今已连续举办 11 届。

2005 年 11 月，国家新闻出版总署在上海理工大学出版印刷学院设立"出版印刷人才培养基地"。

2006 年，国家新闻出版总署在北京印刷学院设立"出版印刷高级人才培养基地"。

2008 年，新闻出版总署颁布《出版专业技术人员职业资格管理规定》，决定从 2008 年 6 月 1 日起，对全国出版单位从业人员实行职业资格登记管理制度，对责任编辑实施注册管理制度。

2008 年 12 月，《中国出版通史》由中国书籍出版社出版。本书由中国出版科学研究所承担，是国家社科基金重点资助项目、国家"十五""十一五"重点图书出版。全书共计九卷，研究时间跨度长达 3000 年，对中国出版史作了全面系统的研究论述。

2010 年 3 月，全国出版专业学位教育指导委员会成立，标志着出版专业研究生教育正式列入我国研究生教育体系。

2010 年 7 月，国务院学位委员会批准设立"出版专业硕士"学位，获得首批授权资格的高校有北京大学、南京大学、武汉大学、中国传媒大学、复旦大学、南开大学等 14 所。

2010 年 10 月，国家新闻出版总署在北京师范大学出版科学研究院设立

"高级出版人才培养基地"。

2011 年，党中央、国务院颁布《新闻出版业"十二五"时期人才发展规划》。

2011 年 9 月，国家新闻出版总署在武汉大学设立"高级印刷人才培养基地"。

2011 年，教育部本科目录增设"数字出版"专业，为高校出版专业适应数字化产业发展奠定基础。

2012 年 5 月 11 日，全国出版专业学位研究生教育指导委员会工作（扩大）会议在南京召开。

2012 年 11 月，中国科技出版传媒股份有限公司与北京印刷学院合作建立市级校外人才培养基地。

2012 年 11 月 5 日，由韬奋基金会、中国新闻出版研究院、中国新闻出版报社共同举办的"首届韬奋出版人才高端论坛征文"评奖揭晓，共有 61 篇论文获奖。

2013 年 3 月，全国高等学校出版专业教学指导委员会正式成立，进一步加强了教育行政部门和行业主管部门与高等院校的沟通和联系。

2013 年 11 月 5 日，"第二届韬奋出版人才高端论坛·中国好编辑"在安徽合肥举行。

2014 年 5 月，国务院学位委员会批准设立第二批"出版专业硕士"学位学校，华东师范大学、上海理工大学、南昌大学等 6 所高校获得授权。

2014 年，国家新闻出版广电总局和财政部联合下发《关于推动新闻出版业数字化转型升级的指导意见》，指出要加强数字出版人才的队伍建设。

2014 年 10 月，国家新闻出版广电总局出台《深化新闻出版体制改革实施方案》，提出要"将从事新闻转载、聚合收缩等业务的新闻网站和网络出版单位编排人员，纳入出版编辑职业资格管理"。

2014 年 11 月 19 日，全国出版专业技术人员职业资格年度考试如期举行。此次考试具有重大突破，首次将互联网出版单位从业人员纳入考试对象，并且考试内容增加了数字出版和互联网出版有关内容的分值比例。

2015年，北京市开始数字编辑职业资格考试及鉴定，以满足数字出版和互联网环境下对出版专业人才新的社会需求。

2015年7月17日，由学习出版社出版的《中国编辑思想史》出版研讨会在北京召开，该书共分上、中、下三卷，对中国编辑史进行全面总结和系统研究。

2015年9月15日，中国广播电影电视社会组织联合会、中国出版协会共同发布《新闻出版广播影视从业人员职业道德自律公约》，新闻出版广播影视行业50家社团在京联合签署了公约。

2016年，北京市首先完成了数字编辑初中级职称评审相关工作，在全国率先启动数字出版、数字新闻、数字音视频等数字编辑专业领域的职称评价工作。

2016年9月27日，中国编辑学研究中心成立大会暨编辑学研究高层论坛在北京印刷学院举行。中国编辑学研究中心由中国编辑学会和北京印刷学院联合建立。

2016年10月，由中国编辑学会主办的第17届国际出版学术研讨会召开，有来自中国、日本、韩国等国家教育界、出版界的120余位专家学者出席会议。

2016年11月17日，中罗出版发展高峰论坛在罗马尼亚高迪亚姆斯国际图书及教育展上举行。论坛的主题是"'16+1'合作与中罗出版发展新蓝图"。

2017年5月17日，新闻出版广播影视人事人才工作专题培训班开班。会议要求各级组织人事部门深入把握新形势新要求，继续扎实做好新闻出版广播影视人事人才工作。

2017年9月20日，国家新闻出版广电总局发布《新闻出版广播影视"十三五"发展规划》。重点指出为加快促进新闻出版广播影视繁荣发展，开展新闻出版广播影视领军人才工程和青年创新人才培养工程，逐步实施重大项目首席专家制度。

2017 年 12 月 1 日，第六届韬奋杯全国出版社青年编校大赛在京举办，大赛每两年举办一次。本次大赛首次由国家新闻出版广电总局主办，中国出版协会、韬奋基金会和中国编辑学会承办。

2018 年 1 月 21 日，传媒变革与教育创新"雄安论坛"在河北大学新闻传播学院召开。

2018 年 3 月，国务院学位委员会批准设立第三批"出版专业硕士"学位学校，获得授权资格的高校有广东财经大学、广西师范大学、华南师范大学等 9 所。

2018 年 6 月 25 日，由中国编辑学会主办的中国"优秀出版编辑"在北京评出并公示名单。

2018 年 8 月 22 日，由中国新闻出版研究院主办的第十九届中韩出版学术研讨会在山西召开。

2018 年 9 月 17 日，教育部、中共中央宣传部联合下发《关于提高高校新闻传播人才培养能力 实施卓越新闻传播人才教育培养计划 2.0 的意见》。

2018 年 10 月 22 日，教育部高等学校轻工类教学指导委员会（印刷工程专业组）会议暨首届"金印杯"全国大学生印刷科技创新竞赛决赛在北京印刷学院举行。共评选出一等奖 4 项、二等奖 7 项、三等奖 11 项。

2018 年 11 月 5 日，以"改革开放 40 年：出版人才之路"为主题的第七届韬奋出版人才高端论坛在陕西西安举行。

2018 年 11 月 14 日，中央全面深化改革委员会第五次会议审议通过《关于加强和改进出版工作的意见》《关于深化改革培育世界一流科技期刊的意见》等重要文件，在出版界引起强烈反响。

2019 年 5 月 17 日，由同济大学、华东地区大学出版社协会主办，同济大学出版社承办的"一流大学 一流出版"学术研讨会在同济大学举行。

2019 年 5 月 24 日，国家新闻出版署发布《关于表彰 2018 年中国技能大赛——第六届全国印刷行业职业技能大赛获奖人员的决定》。在平版制版员、平版印刷员、印品整饰工这 3 个工种中，职工组、学生组两组别的一等奖、二等奖、三等奖及优秀奖获奖者共计 354 人。

2019 年 5 月 30 日，北京市人力社保局、市科协日前联合印发《北京市图书资料系列（科学传播）专业技术资格评价试行办法》，首次增设科学传播专业职称，并在职称评价过程中采用分类评价标准和"代表作"评审。

2019 年 7 月 7 日，由中国新闻出版传媒集团主办、新华文轩出版传媒股份有限公司承办的中国研学实践教育研讨会在成都召开。

2019 年 7 月 8—11 日，第五届世界新闻教育大会在法国巴黎举办。中国教育部新闻传播学类专业教学指导委员会派出代表团参加大会。

2019 年 12 月 15 日，新修订的《中国新闻工作者职业道德准则》向社会公布。

2020 年 3 月 17 日，《中国新闻出版广电报》报道，国家新闻出版署印发《关于表彰第七届韬奋杯全国图书编校暨高校编辑出版能力大赛获奖代表队、获奖人员的决定》，对北京师范大学出版集团等 22 支代表队，以及中国科技出版传媒股份有限公司王运等 50 名图书编辑、中国人民大学出版社徐德霞等 32 名校对人员予以表彰。

2020 年 3 月 18 日，北京印刷学院与中国编辑学会合作，启动线上编辑专业教学服务平台。

2020 年 9 月 24 日，国家新闻出版署、人力资源社会保障部印发《出版专业技术人员继续教育规定》，自 2021 年 1 月 1 日起实施。

2020 年 10 月 17 日，由中国编辑学会科技读物编辑专业委员会主办的"新时代科技出版单位总编辑工作研讨会"在京召开。

2020 年 10 月 19 日，由中宣部进出口管理局指导，中国青年出版总社承办的"2020 年国际图书编辑能力提升线上培训班"开班。

2020 年 10 月 26 日，"出版伦理规范建设与科研诚信协同共治"研讨会在北京西郊宾馆召开。

2020 年 11 月 5 日，"中国新闻传播大讲堂"启动仪式在中国传媒大学举行。"中国新闻传播大讲堂"由教育部高等教育司、中央宣传部新闻局指导，由中国传媒大学、教育部高等学校新闻传播学类专业教学指导委员会主办。

2020年11月5日，第九届韬奋出版人才高峰论坛在重庆举行。百余位出版业界、学界代表齐聚于此，致敬韬奋先生，传承韬奋精神，探索新形势下出版人才培养模式，传承出版人的公益精神，培育有社会担当的出版人，为全面提升出版人才的综合素养贡献力量。

2020年11月20—22日，由高等学校出版专业教学指导委员会主办，北京印刷学院、北京文化产业与出版传媒研究基地承办的"全国出版学学科建设与人才培养研讨会"在北京召开。

2020年11月28日，第十二届全国大学生版权征文活动颁奖仪式在四川成都举行，153篇大学生版权论文获奖。其中，评选产生特等奖论文3篇，本科生组和研究生组一等奖论文各10篇、二等奖论文各20篇、三等奖论文各30篇，优秀奖论文30篇。此外，还评选出优秀指导老师奖20个，优秀组织奖20个。

2020年11月29日，中共中央总书记、国家主席、中央军委主席习近平给人民教育出版社部分离退休老同志回信，向人教社的全体同志致以问候，对教材编研出版工作提出殷切期望。习近平总书记在回信中说，"70年来，人民教育出版社在基础教育教材和教育图书编研出版上辛勤耕耘、接续奋斗，为我国教育事业发展作出了积极贡献，我谨向你们和全社员工致以诚挚的问候！百年大计，教育为本。希望人民教育出版社紧紧围绕立德树人根本任务，坚持正确政治方向，弘扬优良传统，推进改革创新，用心打造培根铸魂、启智增慧的精品教材，为培养德智体美劳全面发展的社会主义建设者和接班人、建设教育强国作出新的更大贡献"。

2020年12月10日，中国编辑学会"出版专业技术人员继续教育线上服务平台"迎来首批编辑学员。

2021年2月17日，人力资源社会保障部、国家新闻出版署印发《关于深化出版专业技术人员职称制度改革的指导意见》，部署出版专业技术人员职称制度改革。

2021 年 3 月 16 日，《中国新闻出版广电报》报道，教育部办公厅印发《关于公布 2020 年度国家级和省级一流本科专业建设点名单的通知》，编辑出版学国家级一流本科专业建设点增至 8 个。

2021 年 3 月 30 日，中宣部在北京举行 2021 年度出版工作电视电话会议。会议以习近平新时代中国特色社会主义思想为指导，传达学习全国宣传部长会议精神，总结工作、分析形势并安排部署年度重点工作，推动出版工作守正创新、开创新局，以出版的出新出彩为全局工作增光添彩。

2021 年 5 月 19 日，由中国出版协会主办的"知识·营销·创新——2021 智汇书香研讨会"在京举行。中国出版协会与北京字节跳动科技有限公司共同发起的"书房计划"新媒体训练营正式启动。

2021 年 5 月 22 日，由杭州电子科技大学、爱思唯尔、施普林格·自然集团共同举办的"学术出版与一流学科建设"学术研讨会在浙江杭州举行，会议提出"以学术出版融合学科建设与发展"的命题与思考。

2021 年 8 月 25 日，2021 年度出版专业资格考试要求调整，《考试大纲》不再区分"从事数字出版的出版专业技术人员应考内容"与"非从事数字出版的其他出版专业技术人员应考内容"，《考试大纲》中所列内容，即参加资格考试的所有出版专业技术人员的应考内容，这是今年考试要求的一个重要变化。

2021 年 10 月 12 日，全国教材工作会议暨首届全国教材建设奖表彰会在北京召开。首届全国教材建设奖设有全国优秀教材、全国教材建设先进集体、全国教材建设先进个人 3 个奖项，其中，全国优秀教材设置特等奖、一等奖、二等奖，并划分了基础教育类教材、职业教育与继续教育类教材、高等教育类教材 3 个层级，共奖励、表彰教材 999 种。

2021 年 10 月 17 日，南开大学新闻与传播学院成立仪式举行。

2021 年 11 月 18 日，经编辑出版学名词审定委员会审定全国科学技术名词审定委员会公布编辑与出版学名词，内容包括综论、编辑、印刷、音像复制、发行与经营、数字出版、出版物、著作权八部分，共 3380 条。

2021 年 12 月 22 日，第十届韬奋出版人才发展论坛举行，主会场设在北京，分会场设在广州。

2021 年 12 月 28 日，国家新闻出版署关于印发《出版业"十四五"时期发展规划》，提出：加强出版人才队伍建设。深入开展马克思主义新闻出版观教育，推进增强"四力"教育实践工作，发挥文化名家暨"四个一批"人才、宣传思想文化青年英才等高层次人才工程作用，培养造就一批出版领军人物和出版家。加强创新型、应用型、复合型人才培养，重点打造出版理论人才、优秀骨干编辑、优秀校对人才、数字出版人才、印刷发行业务能手、版权运营专家、出版国际贸易人才等，建设新时代出版人才矩阵。推动从事网络出版业务的企业配备一支政治素质高、业务能力强、与内容生产规模相适应的编辑、审核队伍，提高对网络出版物的把关能力和水平。健全以创新能力、质量、实效、贡献为导向的出版人才评价体系，对急需紧缺的特殊人才实施特殊政策，构建充分体现知识、技术等创新要素价值的激励机制，鼓励在人才引进、绩效考核等方面加大对出版融合发展业务的支持力度。深化出版专业技术人员职称制度改革，推进实施完善职业技能等级认定工作，支持举办全国行业职业技能大赛，畅通数字出版从业人员职业资格考试渠道，健全完善继续教育培训和职称评定的长效机制。加强出版学学科建设和专业人才培养，构建中国特色社会主义出版学学科体系。

2022 年 3 月，中国高校科技期刊研究会与施普林格·自然（Springer Nature）中国办公室，联合设立了"英文编辑及国际交流人才培养基金研究项目"。

2022 年 4 月 25 日，国家新闻出版署、人力资源和社会保障部、国家广播电视总局、国家互联网信息办公室联合印发了《新闻专业技术人员继续教育暂行规定》，自 2023 年 1 月 1 日起实施。

2022 年 6 月 14 日，中国编辑学会编辑出版教育专业委员会第一次会员大会暨融合出版高端人才培养体系建设研讨会以线上线下相结合的方式举行。

2022 年 6 月 14 日，中国编辑学会教育编辑专业委员会换届大会以线上线下相结合的方式在京召开。会议选举中国编辑学会副会长、人民教育出版社副总编辑张廷凯担任新一届教育编辑专业委员会主任。

2022 年 7 月 24 日，由国家新闻出版署主办、北京大学承办的以"共创一流新学科，同圆出版强国梦"为主题的首届全国出版学科共建工作会在北京大学召开。首批参与共建的单位包括：北京大学和中国出版集团、北京师范大学和广东省委宣传部、华东师范大学和上海市委宣传部、四川大学和四川省委宣传部、北京印刷学院和中国出版协会。

2022 年 8 月 23 日，出版专业技术人员职业资格考试开展 20 周年专题座谈会在京召开。

2022 年 8 月 25 日，由中国新闻文化促进会主办的首届中国新闻传播与新闻教育年会在北京召开。

2022 年 9 月 13 日，国务院学位委员会、教育部发布《研究生教育学科专业目录（2022 年）》。在新版学科专业目录中，"出版学"位列其中，目录代码为 0553。

2022 年 11 月 12 日，第十届范敬宜新闻教育奖颁奖仪式在清华大学举行。

2022 年 11 月 25 日，四川大学出版学院挂牌仪式暨中国出版创新发展·首届全国出版学院论坛顺利举行。

2023 年 1 月 6 日，2022 年度全国出版硕士招生与培养工作联席会议以线上方式举行。

2023 年 4 月 24 日，"名编辑的阅读体验——首届全国十大优秀出版编辑谈读书经验"座谈会在浙江展览馆举行。

2023 年 8 月 30—31 日，以"共创一流新学科，同圆出版强国梦"为主题的全国出版学科专业共建暨出版专业学位研究生教指委工作会议在天津举办。

图书在版编目（CIP）数据

出版人职业现状深度调查 / 赵玉山，邢自兴主编. --
北京：中国国际广播出版社，2025.3. --ISBN 978-7
-5078-5771-9

Ⅰ. G239.2

中国国家版本馆CIP数据核字第202596YR87号

出版人职业现状深度调查

主　　编	赵玉山　邢自兴
责任编辑	韩　蕊
校　　对	张　娜
版式设计	邢秀娟
封面设计	赵冰波

出版发行	中国国际广播出版社有限公司［010-89508207（传真）］
社　　址	北京市丰台区榴乡路88号石榴中心1号楼2001
	邮编：100079
印　　刷	天津市新科印刷有限公司

开　　本	710×1000　1/16
字　　数	250千字
印　　张	17
版　　次	2025 年 3 月　北京第一版
印　　次	2025 年 3 月　第一次印刷
定　　价	65.00 元